21705

HOROLOGE
MAGNETIQVE ELLI-PTIQVE OV OVALE
nouueau,

DE FACILE VSAGE, ET TRES-COMMODE, POVR TROVuer les heures du jour & de la nuict, lors-mesme que le Ciel est couuert, si seulement on peut apperceuoir, ou cognoistre en quel endroict est le Soleil, ou la Lune, ou si on peut descouurir quelque Estoille cogneüe.

Avec divers moyens de rendre cet Horologe vniuersel pour tous Pays.

Inuenté & reduict à la Pratique, par le P. Pierre Georges Chanoine Regulier de la Congregation de Nostre Sauueur.

V 2385

✠

I H S.

A TOVL,

Par S. Belgrand, G. Perin & I. Laurent Imprimeurs de Monseigneur.

M. DC. LX.

AV LECTEVR.

IL y a plus de dix ans, qu'estudiant sur l'Analemme de Ptolomee, & faisant vn recueil des Problemes & pratiques les plus vtiles de cette figure Astronomicque, ie trouuay l'inuention de ce Magnetique Elliptique, qui est d'vn vsage plus facile, que les autres; & escriuis des lors vn petit Traité de cét Horologe & de diuers moyens de le rendre vniuersel pour tous Pays. Vn des subjets, entre autres, pourquoy i'ay differé si long-temps l'impression de ce petit escript, à esté la curiosité & l'esperance de rendre cette sorte d'Horologe plus parfaite par vne plus longue experience; apres laquelle ie n'ay sçeu m'excuser de donner au Public la construction & les vsages de ce Magnetique Elliptique, & les moyens de le rendre vniuersel, qui ne sont encor cognus, que de peu de personnes, à qui ie les ay communiqué: ce que ie fais auec d'autant plus de liberté, qu'au iugement de tous, ce Magnetique est le plus commode, & le plus subtil de tous les Horologes Magnetiques & Azimuthaux, dont on s'est serui iusques apresent. Ie vous offre donc, cher Lecteur, ce Nouuel Horologe, qui est en verité le plus beau, & le plus commode de tous. Car il est tres-juste: estant fondé

Au Lecteur

sur les mesmes Principes que l'Analemme de Ptolomée : tres-simple ; n'y ayant sur le Plan d'iceluy que les points horaires descripts en vn Rouleau : tres-petit ; n'y ayant aucun autre Horologe, qui requiere moindre estendue selon sa proportion : tres vtile ; en ce qu'il donne les heures du Iour & de la Nuict par le Soleil, & par la Lune, lors mesme que le Ciel est couuert, si seulement on peut appercevoir l'endroit, où ils sont ; & aussi par les Estoilles : tres-facile ; n'estant pour l'vsage d'iceluy requise autre cognoissance que du jour du mois pour trouuer l'heure par le Soleil ; du Iour de la Lune pour trouuer l'heure par la Lune ; & du jour de la conjonction des Estoilles au Soleil, pour trouuer l'heure par les Estoilles. En vn mot, qui est le plus rare de tous les Horologes de la Mathematique, Comme vous verrez par la lecture de ce petit Traité, qui ne vous sera pas difficile a comprendre, si vous auez quelque commencement en la Mathematique, car vous n'y trouuerez aucune demonstration difficile n'y ennuyeuse, ayant pris peine de demonstrer le tout auec la plus grande simplicité & briefueté qu'il est possible Receuez donc ce petit Trauail, lequel vous enseignant a trouuer les heures du jour & de la nuit vous tesmoigne, que i'estime heureuses, & bien employées celles où ie puis rendre seruice au Public.

A MONSEIGNEVR

FRANCOIS GRIMALDI
Prince de Lixheim & de Pfaltz-bourg, Comte de Boulay & d'Aspremont, Seigneur de Neuf-chasteau, Hombourg, S. Auold, l'Auangarde, Sampigny, Francaltorff, &c.

MONSEIGNEVR,

VOICY les premiers & nouueaux Fruicts de mon Estude, que je metz aux pieds de vostre ALTESSE au commencement de cete Année. J'aduoüe que ce petit present est peu proportionné a Vostre grandeur; mais le facile accez, que vous offrez à tous ceux, qui desirent vous aborder, m'en a donné la hardiesse. Car quoy que Vostre Eminente condision de Prince vous ait placé

ε

EPISTRE.

au dessus des Peuples, vous descendez neantmoins souuent à eux par la douceur de vostre bonté: & vos vertus font, que comme vn arbre chargé de Fruicts, vous vous abbaissez pour leur bien-faire; & bien que vous ne portiez vos pensées qu'à des objects releuez, j'espere, que vous ne jugerez pas la lecture de ce Liure de l'Horologe Magnetique Elliptique indigne de vostre attention, puis qu'il n'entretiendra vostre Esprit que de choses les plus hautes, & les plus nobles, d'entre les Estres inanimez, dés Cieux, du Soleil, de la Lune, & des Estoilles. Mais quoy? ce Liure est deu à Vostre **ALTESSE**, par l'Approbation qu'elle a fait de cet Horologe, lors que j'eu l'honneur de luy en communiquer les vsages; Receuez le donc, Monseigneur, comme vn gage asseuré de mes tres-humbles respects & obeissances, & donnez luy la grace de porter sur son Frontispice Vostre **Nom** tres-Auguste, pour le rendre plus digne du grand jour où je le produis. Receuez le en vôtre protection, affin qu'il puisse hardiment paroistre en Public, & que s'il se rencontre quelque censeur vostre Approbation, me serue de deffense contre ses attaques. Ie seray, comme l'Aiguille de cet Horologe, qui parmy les tourmentes & confusions de ce Monde, demeure tousiours ferme & immobile sur vn point; je veux dire, que je m'arresteray sur ce point de l'estime, qu'en a fait vostre grand Esprit.

EPISTRE.

qui sçait donner le juste prix à toutes choses. Ceste grace m'oblige encore plus à continuer mes prieres pour la santé & prosperité de Vostre ALTESSE, estant non seulement par l'obligation generale de ma naissance, mais encor par l'inclination paticuliere de mon Ordre

MONSEIGNEUR.

Son tres-humble, & tres-obeissant, seruiteur. P. GEORGES, Chanoine Regulier de la Congreg. de N. Sauueur.

HOROLOGIO MAgnetico manumissio.

I Liber & totum notus decurre per orbem,
  Quò stellæ, Luna, & Sol moueantur adi.
Intrepidus cuiuis monstra qua viuat in hora,
  Ast horam mortis nescius ipse tace.
Si quis te dicat paruum, hoc, dic, credere
  fas sit!
  Qui descripta sinu sidera magna fero.

A L'AVTHEVR SVR L'INuention de cet Horologe.

GEORGES, ton Esprit nompareil,
  Dans l'Horologe Magnetique,
Nous fait voir le cours du Soleil,
Sur vne figure Elliptique.

  La Terre est trop vile à tes yeux,
Il faut qu'ils trauersent les nuës,
Pour noter des Astres des Cieux,
Des choses qui n'estoient connuës.

TABLE DES PARAGRAPHES
contenus en ce Traicté.

L'auant-propos de tout le Traicté. Page 1.

I. PARTIE,

EN laquelle est donnée la description & representation des Cercles principaux de la Sphere, sur le plan de l'Analemme Horizontal, & de suitte la representation des mesmes Cercles sur le plan du Magnetique Elliptique; & est monstré la proportion & rapport qu'il y a entre ledit Magnetique & l'Analemme Horizontal.

L'auant-propos de la premiere partie. Page 9.

§. 1. Où sont données les descriptions du Cercle Horizon, des Cercles Azimuths, & Almicantaraths en Analemmes particuliers du Planisphere & du Magnetique Elliptique. page. 24.

§. 2. Où sont données les descriptions de l'Equateur & des Cercles Parallels à iceluy : Item des heures Astronomiques sur le Planisphere Analemme Horizontal, & sur le plan du Magnetique Elliptique. pag. 32. Construction d'vn instrument à descrire toutes sortes d'Ellipses. page 47.

§. 3. Où est donnée la description des Parallels du Soleil (qui sont les Parallels des Signes du Zodiaque) sur le plan du Magnetique Elliptique. p. 79.

§. 4. Où est donnée la description particuliere des Parallels des Estoilles les plus remarquables, & les plus propres pour trouuer l'heure de nuict par le Magnetique. page. 91.

§. 5. Où est donnée la description des Parallels des longueurs des jours sur le plan du Magnetique Elliptique. page 96.

II. PARTIE,

EN laquelle sont données les Pratiques les plus faciles, pour la construction entiere & complete du Magnetique Elliptique.

L'Auant-propos de la seconde partie. page. 107.

§. 1. Où est donnée la description de la Boitte du Magnetique Elliptique, & des figures qu'il faut des-

TABLE.

crire sur le fond d'icelle interieurement & exterieurement & des pieces qu'il faut adjouster à cette Boitte pour l'accomplissement dudit Horologe.   page 111.

Pratique I. Pour descrire les points horaires.   page 114.

Pratique II. Pour descrire vne ligne Ouale de plusieurs portions des Cercles, &c.   page 119.

Pratique 3. Pour descrire le petit Zodiaque interieur. p. 132.

Pratique 4. Pour descrire la figure des mois.   page 139.

Pratique 5. Pour diuiser la figure des mois premierement ez 12. Signes puis ez 12. mois de l'Année.   parge 145.

Pratique 6. Pour descrire les longueurs des jours. pag. 149.

Prat. 7. Pour descrire les lieux des Estoilles. page 152.

Pratique 8. Pour la construction de la Touche de la figure des mois, &c.   page 164.

Pratique 9. Pour l'assemblage des pieces de la Boitte. p. 175.

Pratique 10. Pour la construction d'vn petit directoir. p. 179.

Pratique 11. Pour trouuer la declinaison de l'Aiguille. p. 184.

Pratique 12. Pour trouuer l'heure par les Almicantaraths auec le Magnetique Elliptique.   page 187.

Pratique 13. Pour descrire l'Horizon Elliptique, & les heures Italiques & de suitte les Almicantaraths Elliptiques.   page 192.

III. PARTIE.

EN laquelle sont donnez diuers moyens de rendre le Magnetique Elliptique vniuersel pour tous Pays.

L'Auant-propos de la 3. partie.   page. 197.

§. I. Où est donné le moyen de rendre le Magnetique Elliptique vniuersel sans faire aucun changement en la fig. des mois du Magnetique Elliptique particulier.

Pratique I. Pour descrire les Ellipses de plusieurs eleuations, &c.   page 202.

Autre pratique pour faire qu'vn Magnetique particulier pour vne eleuation puisse seruir pour vne autre. p. 214.

§. 2. Où sont donnez diuers autres moyens de rendre vniuersel le Magnetique Elliptique. page 219.

Pratique 1. Pour descrire les Ellipses des eleuations de tous Pays, &c.   page 220.

§. 3. Où est donnée la construction d'vn Magnetique vniuersel nouueau qui à l'aide d'vn Curseur montre les heures par l'Aiguille d'Aimant & aussi par vn perpendicule.   page 231.

Pratique. I Pour la construction de l'Horologe Magnetique

TABLE.

vniuerfel propofé.   page 232.

IIII. PARTIE.

EN laquelle font donnez les vfages des Magnetiques particuliers & vniuerfels, dont nous auons donné la conftruction ez parties precedentes.

§. I.   Où font donnéez les vfages du Magnetique particulier enfemble du Magnetique vniuerfel dont a efté traicté au §. 1. de la 3. partie.   page 242.

Prat. 1. Pour trouuer l'heure du Soleil, lors qu'il luit. p. 247.

Patique 2. Pour trouuer l'heure du Soleil lors que le Ciel eft couuert.   page. 250.

Pratique 3. Pour trouuer l'heure du Soleil auant fon leuer & apres fon coucher.   page 254.

Pratique 4. Pour trouuer l'heure du coucher & leuer du Soleil, &c.   page 257.

Prat. 5. Pour trouuer l'heure de nuict par la Lune. p. 260.

Pratique 6. Pour trouuer à quelle heure la Lune fe leue, ou fe couche.   page 265.

Prat. 7. Pour trouuer l'heure de nuict par les Eftoilles. p. 267.

Pratique 8. Pour trouuer en quel endroit du Ciel font les Eftoilles affin de les cognoiftre.   page 274.

Pratique 9. Pour trouuer à qu'elle heure les Eftoilles fe leuent ou fe couchent.   page 276.

Prat. 10. Pour trouuer la declinaifon de l'Aiguille d'Aimant.
   page 278.

Pratique 11. Pour cognoiftre la hauteur du Pole & latitude du Pays où l'on eft.   page 281.

§. 2.   Où font donnez les vfages principaux du Magnetique vniuerfel nouueau qui montre les heures par le moyen d'vn Curfeur.   page 283.

Ptatique 1. Pour trouuer auec l'Aiguille d'Aimant vniuerfellement par tout le monde les heures du jour & de la nuict par le Soleil, & par la Lune & par les Eftoilles.   page 285.

Pratique 2. Pour trouuer auec le perpendicule l'heure du jour & de la nuict vniuerfellement par tout le monde   pag. 291.

Pratique 3. Pour trouuer la declinaifon de l'Aiguille par ce Magnetique vniuerfel.   page 294.

Ptatique 4. Pour trouuer l'heure du leuer & coucher du Soleil.   page 295.

FIN.

FAVTES A CORRIGER
à l'abſence de l'Autheur.

Magnetique, Elliptique liſez Magnetique Elliptique ſans virgule toutes & quantes fois qu'il ſe rencontrera.

En la p. 12. l. 15. 69 & de, liſez Cancer & de Capricorne.

En la p. 13. l. 15. ϒ & de liſez Belier & de la Balance.

En la meſme p. l. 16. Tropique de liſez tropique de Capricorne.

En la p. 23. l. 21. E I A liſez E H.

En la meſme p. l. 22. E A ou E A liſez E A ou E F.

En la p. 36. l. 21. de deux heures liſez de onze heures.

En la p. 40. l. 21. & 23 de deux heures liſez de onze heures.

En la meſme p. l. 24. de deux heures liſez de vne heure.

En la p. 55. l. 5. quoy que tous liſez quoy que de tous.

En la p. 58 l. 15. ſoit ſur le quart de cercle liſez ſoit le quart de cercle.

En la p. 86. l. 10. eſt diuiſé liſez eſtant diuiſé.

En la p. 112. ligne derniere item en la p. 173. l. 15. l. 18. & en la p. 174. l. 17. agneau ou demi iour liſez anneau ou demijonc.

En la p. 128. l. 9 de la 5. 6. partie liſez de la cinq ſixieſme parties.

En la meſme p. l. 18. de la 1. 6. partie liſez de la ſixieſme partie.

En la p. 188. l. 23. eſtant du point liſez & eſtant du point.

En la p. 194. l. 25. & en la p. 195. l. 4. des SHS des liſez des 5 H S.

En la p. 198. l. 8. pour ſes eleuations 5. de ce pays liſez pour l'eleuation de ce pays.

En la p. 200. l. 9. T Q liſez, & T Q.

En la p. 226. l. 5. a la meſme eleuation liſez la meſme eleuation

En la page 287. lignes. 25. & cette Ellipſe liſez & l'Ellipſe qui eſt pour le complement de l'eleuation repreſentée par cette Ellipſe.

HOROLOGE MAGNEtique, Elliptique ou Ouale nouueau tres-commode, pour trouuer les Heures du jour & de la nuit, &c.

Auant propos de tout le Traicté.

I.

YANT entrepris de donner la description du Magnetique, Elliptique, ie me sens obligé de donner à cognoistre premierement quels sont les Magnetiques en general, combien il y en a de sortes, & quelle difficulté se retrouue en l'vsage de ceux dont on s'est serui jusques icy, qui a donné subject d'en chercher d'autres.

Vous sçaurez donc que les *Horologes Magne-*

tiques en general sont des Planispheres ou Horologes Horizontaux, sur le plan desquels sont representez les Cercles principaux de la Sphere, sçauoir les Cercles horaires, les Parallels des Signes du Zodiaque, les Azimuths & autres : & lesquels au lieu de designer l'heure du Soleil, par l'ombre d'vn Stil perpendiculaire, ou par vne Regle ou Alhidade qu'on tourne autour dudit Stil à l'endroit du Soleil, designent ladite heure par vne aiguille d'Aimant posée sur ledit Stil, lors mesme que le Ciel est couuert, si seulement on peut cognoistre en quel endroit est le Soleil : supposé que l'on tourne vers cet endroit la ligne des 12. heures de ces Horologes.

2. D'ou vous pouuez inferer, qu'il y a autant de sortes d'Horologes Magnetiques, qu'il y a d'Horologes Horizontaux, sur le Plan desquels peuuent estre descrits & representez les Cercles horaires, & les Parallels des Signes du Zodiaque, & que premierement l'Horologe Scioterique Horizontal (*representé par la fig. 45. laquelle vous trouuerez à la fin de ce liuret*) sur le plan duquel sont descripts les Arcs des Signes auec les lignes horaires, peut estre fait Magnetique; si au Centre d'iceluy est posée vne aiguille d'Aimant sur le Stil perpendiculaire, ou Gnomon, qui le rend Scioterique.

Secondement, que tous Planifpheres Horizontaux de quelle protection ils foient, fur le plan defquels font reprefentez les Parallels des Signes du Zodiaque auec les Cercles horaires, font faits Horologes Magnetiques, lors qu'au centre d'iceux eft pofée vne aiguille pareille ; & que toute autre figure Horizontale, où les mefmes Parallels des Signes & leurs poincts horaires font reprefentez auec les mefmes proportions, qu'en quelqu'vn defdites Planifpheres (*comme eft la figure 19. qui eft celle du Magnetique Elliptique propofé*) fera vn Horologe Magnetique, fi au centre d'icelle figure on pofe, comme dit eft, vne aiguille d'Aimant.

3. Car les Horologes Magnetiques ne font differents des Horologes Horizontaux, qui montrent l'heure par l'ombre d'vn Stil perpendiculaire, ou par vne Alhidade telle que nous auons dit, finon en ce que lefdits Horizontaux font *Horologes immobiles*, le plan d'iceux deuant eftre immobile & arrefté en telle fituation, que la ligne des 12. heures foit à l'endroit du Nort & du Midy. Et les Magnetiques au contraire, qui montrent l'heure par vne aiguille d'Aimant au lieu d'Alhidade, font *Horologes mobiles*, par ce que cette aiguille s'arreftant toufiours à l'endroit du Nort & du Midy par la vertu de l'Aimant, dont elle eft

touchée, il faut par raison contraire, que le plan de ces Horologes Magnetiques soit mobile, c'est a dire que la ligne des 12. heures soit tournée a l'endroit du Soleil, de mesme que l'Alhidade susdite. Car c'est la mesme chose que du *Quarré Geometrique*; le mesme Quarré estant dit *Immobile*, lors qu'au centre d'iceluy est appliquée vne Regle ou Alhidade mobile, par ce qu'en ce cas le Geometre doit tenir cet instrument immobilement perpendiculaire au plan Horizontal, & mouuoir l'Alhidade vers l'Object, qu'il veut mesurer : & *mobile* au contraire, lors qu'au centre d'iceluy est appliqué vn perpendicul., par ce que ce perpendicul estant de sa propension naturelle tousiours droit au plan Horizontal, il faut par raison reciproque que ledit Quarré soit meu vers l'object. Quant au reste de mesme que le Quarré mobile n'est different de l'immobile, sinon en la situation des ombres les droites estantes en l'vn perpendiculaires à l'Horizon, & les verses en l'autre: de mesme aussi les Horologes Magnetiques ne sont differens des autres Horologes Horizontaux, sinon en l'ordre des heures, celles du matin estantes a gauche ez vns & celles du soir ez autres.

4. Notez neantmoins, que de tous les **Horologes Horizontaux**, il n'y en a que trois

Elliptique ou Ouale nouueau.

(ofté ce Magnetique Elliptique) sur le plan desquels puissent estre commodement descripts, & representez les Parallels des Signes requis pour estre faits Magnetiques par l'apposition d'vne aiguille d'Aimant au centre d'iceux, sçauoir.

I.

LE Magnetique ordinaire, je veux dire, ce Planisphere Horizontal *(dont la figure est la 46.)* où les Cercles horaires, & les Parallels des Signes sont representez par des lignes circulaires; estant descript d'vne projection telle, comme si l'œil estoit en vn point de la circonference de la Sphere, appellé Nadir, regardant l'Hemisphere superieur.

2. L'horologe Scioterique Horizontal *(dont la figure est la 45.)* où les Cercles horaires sont representez par des lignes droites, & les Parallels des signes par des lignes hyperboliques, cet Horologe pouuant estre consideré comme vne autre espece de Planisphere descript d'vne projection telle, comme si l'œil estoit au centre de la Sphere regardante la partie superieure d'icelle.

3. L'analemme Horizontal *(dont la figure est 11.)* qui est vne autre espece de Planisphere inusité, où sont representez les mesmes Cer-

cles horaires, & Parallels des Signes, par des lignes Elliptiques ou Ouales, ainſi qu'ils apparoiſtroient à l'œil, ſi d'vn lieu infiniment diſtant, il regardoit directement l'hemiſphere ſuperieur, (duquel Analemme eſt tiré ce Magnetique, Elliptique).

Mais remarquez qu'en trois Planiſpheres ſuſdites, il y a cette difficulté entre autres, que pour en vſer, il faut auoir la cognoiſſance des Parallels des Signes du Zodiaque; & que l'vſage en eſt difficile à ceux meſmes, qui en ont la cognoiſſance, en ce que les Parallels du Zodiaque n'y pouuants pas tous eſtre deſcrits & repreſentés diſtinctement l'vn de l'autre (à moins que de faire ces Planiſpheres d'vne grandeur demeſurez), ains ſeulement ceux, qui paſſent par les commencements des Signes, il eſt neceſſaire de diuiſer à l'œil les eſpaces d'entre leſdits Parallels, & de juger de la partie proportionnelle deſdits eſpaces, qui peut conuenir au Parallel du degré du ſigne, auquel eſt le Soleil. Car l'heure du Soleil ne ſe treuue en des Magnetiques, que par l'interſection de l'Azimuth, auquel eſt le Soleil, (je veux dire par l'interſection de l'Aiguille d'Aimant, qui repreſente touſiours cet Azimuth), & de la ligne, qui repreſente le Parallel du degré du Signe, auquel eſt le Soleil, laquelle interſection estant l'apparence du lieu du Soleil sur lesdits Planispheres, designe par consequent entre les points horaires d'icelle ligne, l'heure ou la partie de l'heure en laquelle il est. Ce qui est d'vne pratique difficile, & qui n'est pas pour toutes sortes de personne: Cause pourquoy j'ay cherché d'autres Magnetiques d'vn vsage plus facile, & qu'ayant trouué ce Maquetique, Elliptique, *qui est representé par la figure 19.* & les vniuersels proposez (tels, que la difficulté susdite en est ostée par le moyen d'une figure des mois de l'Année Elliptique & Ouale, *representée par la figure 21*) & d'vn index, je veux dire, d'vne touche ou Alhidade tournante en Ellipse ou Oual au milieu d'icelle, *representée par la figure 23.* & qui estants aussi justes, & aussi parfaits que le Planisphere Horizontal, *representé par la figure 11.* duquel ils sont tirez, sont de plus, moyennant ladite figure Elliptique des mois & son Alhidade, rendus d'vn vsage si facil, que toutes personnes peuuent s'en seruir, pour trouuer l'heure du Soleil, sans autre cognoissance, que du jour du mois courant j'ay creû rendre seruice aux personnes curieuses de la Mathematique de les leur communiquer par l'impression de ce petit traité, que je diuise en quatre parties: En la premiere desquelles je donne la description ou representation des Cercles principaux de la Sphere ſur le plan de ce Magnetique, Elliptique particulier; & d'autant qu'il ſe deſcrit par les meſmes lignes & conſtruction que le Planiſphere Analemme Horizontal ſuſdit, & qu'il eſt impoſſible d'en bien comprendre la proportion, ſans la cognoiſſance dudit Analemme, je donne quant & quant la deſcription de ce Planiſphere inuſité, la plus briefue neantmoins, qu'il m'eſt poſſible, ne voulant inſerrer en ce preſent traité, que ce qui eſt preciſement neceſſaire, pour l'intelligence de ce nouuel Horologe. En la 2. partie, je donne les pratiques les plus faciles, pour la conſtruction entiere & complete dudit Magnetique, Elliptique particulier, principalement en ce qui concerne la figure Elliptique des mois ſuſdits & ſon Alhidade tournante en Ellipſe ou Oual, qui le rend d'vn vſage facile. En la 3. partie je donne diuers moyens de rendre ce Magnetique vniuerſel pour tous Pays: Et en la 4. je donne les vſages dudit Magnetique: de ſorte que la premiere partie contiendra les Principes & fondements d'où ſont tirez ces nouueaux Horologes particuliers & vniuerſels; & les trois autres parties contiendront la pratique, & les vſages d'iceux; affin que ceux qui ſont curieux de la ſpeculation treuuent leur satisfaction en la 1. partie; & ceux qui se contentent de la pratique, puissent passer d'abord à la seconde, sans s'arrester à la premiere.

PREMIERE PARTIE.

EN LAQVELLE EST DONNE'E LA description & representation des Cercles principaux de la Sphere, sur le plan de l'Analemme Horizontal: & de suitte la representation des mesmes Cercles sur le plan du Magnetique, Elliptique; & est monstré la proportion, & le rapport qu'il y a entre ledit Magnetique & l'Analemme Horizontal.

Auant propos de la I. Partie.

I.

L'ANALEMME Horizontal representé par la fig. 11. estant vn Planisphere, qui represente les Cercles de L'hemisphere superieur, ainsi qu'ils apparoistroient à l'œil s'il estoit infiniment distant de la Sphere, se descrit par le moyen de certaines lignes Visuelles ou Radiales, lesquelles sont toutes perpendiculaires au plan Horizontal, & par consequent Paralleles entre elles : (car si elles n'estoient Paralleles, elles concourroient en vn point d'vne distance finie, où l'œil deuroit estre supposé contre L'hypothese precedent, ainsi qu'il appert par la definition 35. du 1. des elem. geom. d'Euclide) d'où vous pouuez inferrer, qu'en ce Planisphere les representations & apparences des Cercles de la Sphere descriptes par le moyen de ces Radiales, sont entierement contenuës dans l'enceinte & circonference de l'Horizon, qui en est le plan & la base, sans qu'aucune partie d'icelles sorte de laditte circonference: Qui est la cause, pourquoy cette sorte de Planisphere est appellé *Analemme*, c'est a dire vne figure dans le sein & circonference de laquelle sont ramassées les apparences & representations de tous les Cercles de la Sphere. Et jaçoit que par le mot d'Analemme, on entend pour l'ordinaire vn Planisphere ou figure comprise du cercle Meridien, (ce qui prouient de ce que l'Analemme descrit sur le plan de ce Cercle, est le plus vtil & le plus vsité; à raison qu'il donne vniuersellement les dimensions, ou Diametres de tous les Cercles de la Sphete,) neantmoins on peut dire, qu'il y a autant de sortes d'Analemmes qu'il y a de grands Cercles en la Sphere, sur le plan desquels peuuent estre descriptes les apparences des autres Cercles, sçauoir l'Analemme Horizontal, l'Analemme Equinoctial, l'Analemme vertical & autres, à la description desquels l'Analemme Meridien est vtile, voir necessaire, côme nous verrons cy apres, en ce que sans iceluy, on ne peut pas trouuer les dimensions des Cercles de la Sphere, ny le descrire sur le plan desdits Analemmes, qu'auec beaucoup de recherches.

2. Vous pouuez aussi inferer, que les apparences ou representations des Cercles de la Sphere descriptes en ce Planisphere Horizontal par le moyen des Radiales parallels susdittes, sont de trois sortes, sçauoir, que les Cercles qui sont perpendiculaires à l'Horizon, tels que sont les Cercles Azimuths & tous autres, qui sont veus directement, sont representez par des lignes droites egales aux Diametres desdits Cercles de la Sphere, (*comme vous voyez en la figure 11.* où le Cercle Meridien est representé par la ligne droite A C, & le Cercle Vertical par la ligne droite B D. Et ceux qui sont Parallels à l'Horison, tels que sont les Almicantaraths sont representez par des Cercles qui leurs sont esgaux, (*comme vous*

voyez en la figure 4. où lesdits Almicantaraths font representez par les Cercles concentriques, descripts du centre E,) & ceux qui sont obliques & enclinez à l'Horizon, tels que sont l'equateur, les Parallels des Signes & les Cercles horaires, sont representez par des Ellipses ou lignes Ouales, dont le grand Diametre est egal au Diametre desdits Cercles, & le petit Diametre est egal à la ligne Horizontale interceptée entre les deux Radiales, qui tombent perpendiculairement sur le plan Horizontal, des points desdits Cercles obliques, qui sont les plus esloignez dudit plan Horizontal *(comme en la fig. 11.)* où l'equateur est representée par l'Ellipse B D ; & où le Parallel de 69. & de   sont representéez par les Ellipses semblables à ladite Ellipse B D ; & les Cercles horaires par des portions d'Ellipses trauersantes les Ellipses susdites.

3. D'où sensuit qu'il y a de la difficulté en la description de cet Analemme Horizontal qui fait qu'il n'est pas en vsage, laquelle consiste en la description de tant d'Ellipses, qu'il faut faire pour representer en iceluy les cercles obliques susdits, sçauoir les cercles horaires, les Parallels des Signes du Zodiaque & autres, comme les Parallels des Estoilles, les Parallels des longueurs des jours, &c. Lesquelles Ellipses on ne peut pas descrire commode-

voyez en la figure 4. où lesdits Almicantaraths sont representez par les Cercles concentriques descripts du centre E,) & ceux qui sont obliques & enclinez à l'Horizon, tels que sont l'equateur, les Parallels des Signes & les Cercles horaires, sont representez par des Ellipses ou lignes Ouales, dont le grand Diametre est egal au Diametre desdits Cercles, & le petit Diametre est egal à la ligne Horizontale interceptée entre les deux Radiales, qui tombent perpendiculairement sur le plan Horizontal, des points desdits Cercles obliques, qui sont les plus esloignez dudit plan Horizontal (comme en la fig. 11.). où l'equateur est representée par l'Ellipse B D; & où le Parallel de 69. & de   sont representéez par les Ellipses semblables à ladite Ellipse B D; & les Cercles horaires par des portions d'Ellipses trauersantes les Ellipses susdites.

3. D'où sensuit qu'il y a de la difficulté en la description de cet Analemme Horizontal qui fait qu'il n'est pas en vsage, laquelle consiste en la description de tant d'Ellipses, qu'il faut faire pour representer en iceluy les cercles obliques susdits, sçauoir les cercles horaires, les Parallels des Signes du Zodiaque & autres, comme les Parallels des Estoilles, les Parallels des longueurs des jours, &c. Lesquelles Ellipses on ne peut pas descrire commode-

Elliptique ou Ouale nouueau.

re,) neantmoins on peut dire, qu'il y a autant de fortes d'Analemmes qu'il y a de grands Cercles en la Sphere, fur le plan defquels peuuent eftre defcriptes les apparences des autres Cercles, fçauoir l'Analemme Horizontal, l'Analemme Equinoctial, l'Analemme vertical & autres, à la defcription defquels l'Analemme Meridien eft vtile, voir neceffaire, cōme nous verrons cy apres, en ce que fans iceluy, on ne peut pas trouuer les dimenfions des Cercles de la Sphere, ny le defcrire fur le plan defdits Analemmes, qu'auec beaucoup de recherches.

2. Vous pouuez auffi inferer, que les apparences ou reprefentations des Cercles de la Sphere defcriptes en ce Planifphere Horizontal par le moyen des Radiales parallels fufdittes, font de trois fortes, fçauoir, que les Cercles qui font perpendiculaires à l'Horizon, tels que font les Cercles Azimuths & tous autres, qui font veus directement, font reprefentez par des lignes droites egales aux Diametres defdits Cercles de la Sphere, *(comme vous voyez en la figure 11.* où le Cercle Meridien eft reprefenté par la ligne droicte A C, & le Cercle Vertical par la ligne droicte B D. Et ceux qui font Parallels à l'Horifon, tels que font les Almicantaraths font reprefentez par des Cercles qui leurs font efgaux, *(comme vous*

ment, que premierement on n'ait trouué les points horaires d'icelles, c'est a dire les apparences des poincts horaires desdits Parallels. Ce qui ne se peut faire, (sans vne grande confusion,) qu'en descriuant autant d'Analemmes particuliers de circonference egale, qu'il y a de Parallels à representer audit Planisphere: c'est a dire, descriuant pour chacun desdits Parallels vn Analemme simple à part sur le plan duquel ne soient representez les points horaires d'autres Parallels, que de celuy pour lequel on le descript particulierement, (*comme nous auons fait en la fig. 5. 7. & 9.* qui sont les Analemmes particuliers pour le Parallel de ♈ & de   qui est l'equateur, pour le Tropique de 69. & pour le Tropique de   ) puis rapportant en vn tous lesdits Analemmes particuliers, pour en faire le Planisphere ou Analemme total proposé. Ce qui est d'vne pratique longue & ennuyeuse, & qui difficilement peut estre pratiquée si exactement, qu'à la fin ne se retreuue quelque erreur commise en la diuision de tant de Cercles inegaux, & en la description de tant de lignes Parallels, qu'il faut faire, pour trouuer en ces Analemmes particuliers les points horaires susdites, comme nous verrons cy apres. Ces difficultez ne nous doiuent pourtant arrester: Car puisque la description de ce Planisphere n'est inserée en ce traité pour autre dessein, que pour nous faire voir de quels principes est tiré ce Magnetique Elliptique, il n'est question premierement de descrire des Ellipses si parfaites, ains il suffit de mener des lignes courbes ou traits hardis par les points horaires d'icelles Ellipses trouuez par les Analemmes particuliers susdits. Secondement il n'est necessaire de descrire les Analemmes particuliers de tous les Parallels des Signes, ains il suffit d'en descrire 3. ou 4. comme celuy de l'equateur, qui est la figure 5. celuy du Tropique de Cancer, qui est la fig. 7. & celuy du Tropique de Capricorne, qui est la figure 9. qui nous donneront la cognoissance des autres.

4. Pour ce qui est du Magnetique Elliptique, dont nous traictons; qui n'est autre, qu'vne figure Horizontale (*representée par la figure 18. ou 19.*) sur le plan de laquelle sont descripts les points horaires d'vne seule Ellipse pour representer les heures de tous les Parallels des Signes du Zodiaque; iaçoit qu'il semble estre beaucoup different du Planisphere Analemme Horizontal (*representé par la fig. 11.*) lequel outre les portions d Ellipses qui represente les heures, a plusieurs Ellipses inegales, pour representer les Parallels de l'Equa-

teur; je montreray neantmoins, que la difference n'en est pas grande, & que ce Magnetique luy est proportionnel; à raison que l'Ellipse, qu'il contient, se descript par les mesmes Radiales, & par la mesme construction, que les Ellipses dudit Planisphere, qui representent en iceluy les Parallels de l'Equateur. Partant pour mieux faire voir la proportion, & le rapport, qu'il y a de l'vn à l'autre, je descriray ce Magnetique par la mesme Methode que ledit Planisphere, sçauoir par autant d'Analemmes Particuliers, (comme par les figures 5. 8. & 10.) semblables en construction aux Analemmes particulieres ou figures 5. 7. & 9. dudit Planisphere mentionnez cy dessus, & qui ne leur sont differents qu'en grandeur seulement. Car notez que la grandeur & circonference des Analemes particuliers de ce Magnetique doit estre telle, que (sans changer la construction des Analemmes particuliers du Planisphere susdit, qui ont les circonferences A B C D egales entre elles, & les Ellipses B O D inegales) les Ellipses des Analemmes particulieres dudit Magnetique soient au contraire toutes egales, & les circonferences inegales. Ce qui doit estre ainsi, affin que les Analemmes particuliers estans rapportez en vn, de telle sorte que toutes les Ellipses d'iceux soient concentriques

& vnies, elles conuiennent toutes en vne mefme Ellipfe, laquelle puiffe feruir pour reprefenter indifferemment tous les Parallels de l'Equateur fucceffiuement, en changeant feulement le centre du Magnetique, lequel changement fe fera fans peine & fans autre cognoiffance que du jour du mois par le moyen de la touche ou Alhidade tournant en Ellipfe au milieu de la figure des mois, menant ladite Touche fur le degré d'icelle figure qui conuient au jour du mois courant, &c. comme nous dirons en la 2. partie.

5. Pour plus grande intelligence de ce que dit eft, remarquez qu'vne des differences, qu'il y a entre le Planifphere, appellé Analemme Horizontal, & ce Magnetique Elliptique, eft qu'audit Planifphere, les Ellipfes, qui reprefentent les Parallels de l'Equateur, font inegales l'vne à l'autre, fuiuant la proportion des Parallels qu'elles reprefentent. Et en ce Magnetique au contraire les Ellipfes, qui reprefentent en iceluy les mefmes Parallels, font fuppofées egales & vnies l'vne à l'autre, à celle fin, que l'vne puiffe feruir pour toutes les autres. D'où s'enfuit que ez Analemmes particuliers de ce Planifphere (comme ez figures 5. 7. & 9.) on doit confiderer l'Horizon ABCD, qui eft la circonference de chacun d'iceux,

comme

comme le principal Cercle, auquel tous les autres doiuent eftre referez & proportionnez, & le faire egal en toutes lefdites figures ou Analemmes, puis d'efcrire en cet Horizon l'Ellipfe teprefentant le Parallel de chacun d'iceux de telle dimenfion, que le requiert la proportion dudit Parallel à l'Horizon : & ez Analemmes particuliers du Magnetique, Elliptique, c'eft a dire ez figures 5. 8. & 10. on doit confiderer au contraire l'Ellipfe de chacun d'iceux, comme la principalle à laquelle l'Horizon & les autres Cercles doiuēt eftre referez & proportiōnez & la faire femblable & egal en toutes lefdites figures ou Analemmes, pour la fin fufdite.

En fortes que de mefme qu'ez Analemmes particuliers, qui compofent le Planifphere, l'Horizon eft reprefenté par vn Cercle toufiours egal, & les Parallels par des Ellipfes inegales, fuiuant la proportion defdits Parallels à l'Horizon : de mefme auffi ez Analemmes particuliers, qui compofent le Magnetique, Elliptique, le Parallel de chacun eftant reprefenté par vne Ellipfe toufiours egal. l'Horizon doit eftre reciproquement reprefenté par des Cercles inegaux, fuiuant la mefme proportion des Parallels à l'Horizon, laquelle doit eftre obferuée en ce Magnetique, comme au Planifphere fufdit.

En quoy on voit l'Artifie de ce nouuel Horologe, qui eſt de ſuppoſer vn Horizon plus grand pour vn Parallel, c'eſt a dire, pour vn jour, que pour vn autre auec telle proportion, que l'Ellipſe, qui repreſente le Parallel du jour, ſoit la meſme toute l'Année ; qui eſt la meſme choſe, comme ſi aujourd'huy je me ſers d'vn petit Analême Horizontal, demain d'vn plus grand ou plus petit, de telle proportion, que l'Ellipſe, qui repreſente le Parallel de demain, ſoit en ce Planiſphere, dont je me ſeruiray demain, egale à l'Ellipſe, qui repreſente le Parallel du jourd'huy, en celuy, duquel je me ſers aujourd'huy.

6. Remarquez 2. qu'vne autre difference, qu'il y a du Magnetique, Elliptique, au Planiſphere, Analemme Horizontal, eſt qu'audit Planiſphere tous les Analêmes particuliers des Parallels, qui paſſent par les commencements des Signes du Zodiaque, eſtants rapportez en vn, en ſorte que les Horizons egaux deſd. Analemmes ſoient concentriques & vnis en vn ſeul Horizon, & les Ellipſes d'iceux ſoient excentriques & ſeparées l'vne de l'autre, comme on voit en la figure 11. ces Ellipſes ſeparées compoſent le Zodiaque dudit Planiſphere qui comprend tous les Parallels que le Soleil deſcrit pendant toute l'Année : & au Magnetique, Elliptique au contraire les Analem-

mes particuliers des Parallels, qui passent par les commencemens des Signes du Zodiaque, estants rapportez en vn, en sorte que les Ellipses egales desdits Analemmes soient concentriques & vnies en vne mesme Ellipse, & les Horizons d'iceux soient au contraire excentriques, les centres desdits Horizons excentriques composeront le Zodiaque de ce Magnetique, en quoy neantmoins la difference n'est pas si grande, qu'il semble. Car qu'il y ait plusieurs Ellipses, & vn seul centre, ou plusieurs centres & vne seule Ellipse, c'est vne méme chose, pourueu que tousiours la mesme proportion du centre à l'Ellipse soit obseruée en l'vn & en l'autre.

7. Remarquez 3. qu'il y a encor cette difference qu'au Planisphere susdit on descrit l'Horizon, les Ellipses representantes les Cercles horaires, outre les Ellipses representantes les Parallels de l'equateur, & au Magnetique Elliptique on ne descrit autre chose que les points horaires de l'Ellipse commune que vous voyez en la figure 18. dans le Rouleau des heures, & les centres des Horizons excentriques (qui composent le Zodiaque) compris & contenus en l'espace eEe de ladite figure. Car pour les circonferences des Horizons, on ne les y descrit point, tant a cau-

se, qu'estantes excentriques & inegale, elles y causeroient de la confusion, qu'a cause aussi qu'elles n'y sont non plus necessaires, qu'en L'horologe Scioterique Hoizontal, où on ne peut d'escrire d'Horizon, il suffit en effet d'en marquer les centres, qui y sont necessaires & n'y doibuent estre ommis, à raison que le centre de celuy des Horizons excentriques, au respect duquel l'Ellipse commune represente le Parallel du jour du mois (c'est a dire, le Parallel, que le Soleil d'escrit ce jour là) est tousiours censé le point du Zenith, & le centre des Azimuths, & par consequent le lieu du Stil ou piuot, sur lequel doit estre posé le centre de l'Aiguille d'Aimant, cause pourquoy ledit Stil ou piuot doit estre mobile, pour estre conduit & mené sur le centre dudit Zodiaque, qui conuient aud. Parallel du jour du mois courant; ce qui sera facile, à l'aide de la Touche ou Alhidade susdite tournant en Ellipse au milieu de la figure du mois, laquelle Alhidade estant menée sur le degré d'icelle figure, qui conuient audit jour du mois portera le Stil mobile susdits justement sur ledit centre, comme il sera dit en la 2. partie.

8. La description de ce Magnetique semble d'abord difficile, à cause de tant d'Analemmes particuliers par le moyen desquels nous

Elliptique ou Ouale nouueau. 21

le d'eſcriuons, mais nous verrons à la ſuitte de ce traicté, qu'vn ſeul Analemme ſuffira pour tous. Car tous les Analemmes particulieres d'iceluy Magnetique, eſtants ſemblables & egaux l'vn à l'autre hors-mis en vn point, qui eſt le centre de l'Horizon : c'eſt pourquoy la methode que je donne de d'eſcrire ledit Magnetique par pluſieurs Analemmes, (qui n'eſt que pour faire voir la proportion & le rapport, qu'il y a entre ledit Magnetique & le Planiſphere Horizontal ſuſdit) pourra eſtre pratiquée en vn ſeul Analemme, ſans aucune confuſion de lignes, comme nous verrons cy apres.

9. Notez que pour faire voir la proportion & le rapport ſuſdit, il eſt fait mention en pluſieurs lieux de ce liuret des Arcs de Cercles, de leurs parties ou degrez, des complements deſdits Arcs, de leurs rayons, de leurs chordes, de leurs Sinus, Taugeantes & Secantes : mais pour l'intelligence de ce qui en eſt dit, il ſuffira de ſçauoir.

I.

Qve tout Cercles de la Sphere eſt cenſé eſtre diuiſé premierement en 4. quarts, & chaque quart de Cercle en 90. parties egales, appellées degrez, comme eſt le Cercle ABCD de la fig. 1. lequel eſt premierement diui-

B iij

sé ez 4. quarts A B, C B, A D, C D, par les Diametres Orthogonels A C, & B D, puis chaque quart en 90. degrez.

2. Que d'vn arc de Cercle, par exemple, de l'arc A F de la mesme figure 1. qui est de 30. degrez ; le complement est l'arc F B de 60. degrez, qui auec l'arc A F accomplit le quart de Cercle A B, qui est de 90. degrez.

3. Que les rayons d'vn arc, par exemple, de l'arc A F, sont les lignes E A, E F menées du centre E jusques a la circonference dudit arc.

4. Que l'angle du centre d'vn arc, par exemple, de l'arc A F, est celuy, qui est compris des rayons E A & E F menez du centre E aux extremitez dudit arc, lesquels font l'angle A E F de 30. degrez.

5. Que la chorde d'vn arc, par exemple, de l'arc F I double de l'arc A F, est la ligne F I menée d'vne extremité dudit arc à l'autre.

6. Que le sinus droit d'vn arc, par exemple de l'arc A F, est la ligne F K moitié de la chorde F I de l'arc F I double d'iceluy arc A F (ou bien la ligne E G, qui luy est egale.)

7. Que le sinus de complement d'vn arc, par exemple, de l'arc A F, est le sinus droit F G de l'arc F B, qui est complement de l'arc A F (ou bien la ligne K E, qui luy est egale.)

Elliptique ou Ouale nouueau.

8. Que le ſinus total, c'eſt à dire, de tout le quart de Cercle A B, eſt le demi Diametre E A ou E B, & tout autre rayon du Cercle A B C D, comme E F, &c.

9. Que la Tangente d'vn arc, par exemple, de l'arc A F, eſt la ligne A H Parallele au ſinus droit F K dudit arc, qui touche ledit arc au point A d'vne part & le rayon E F prolongé d'autre part.

10. Que la Secante du meſme arc eſt le rayon E H prolongé juſques à la Tangente A H.

11. Que le ſinus total A E, ou E F peut eſtre pris pour la ſecante de l'angle F E A de 30. degrez. Car il eſt en effet la ſecante de l'arc K L compris dudit angle. Item le ſinus droit F K peut eſtre pris pour tangente du meſme augle F E A. Car il eſt en effet la Tangente de l'arc K L compris dudit angle F E A. Item le ſinus de complement E K peut eſtre pris pour ſinus total: car il eſt en effet le rayon dudit arc K L, & au contraire.

12. Que la Tangente d'vn arc, par exemple, la Tangente A H de l'arc A F eſt proportionnelle au ſinus droit F K du meſme arc, comme la Secante E I A au ſinus total E F, & comme le meſme ſinus total E A ou E A au ſinus de complement E K du meſme arc A F; à cauſe des Triangles F E K & H E A faits par

lesdits sinus, Tangente & Secante, lesquels estants semblables & equiangles, ont leurs cotez proportionnaux, comme il appert par la 4. du 6. des elem. geom. d'Euclide.

§. I.

OV SONT DONNE'E LES DESCRIPTIONS du Cercle Orizon & des Cercles Azimuths, Almicantaraths ez Analemmes particuliers, du Planisphere & du Magnetique, Elliptique proposé.

Description du Cercle Horizon.

I.

SVppose' ce qui a esté dit cy dessus, l'Analemme Horizontal, estre vn Planisphere representant l'Hemisphere superieur, veu directement d'vne distance infinie, duquel le Cercle Horizon est le plan la Base & le principal Cercle, auquel tous autres Cercles qu'on y veut d'escrire doiuent estre referez & proportionnez, il est euident, que pour faire la description dudit Planisphere, il faut commencer par l'Horizon; & d'autant que la methode defcrire ledit Planifphere eft de faire autant d'Analemmes particuliers de circonference egale, qu'il y a de Parallels de l'equateur à reprefenter en iceluy, (defquels le premier eft l'Analemme particuliere de l'equateur, reprefenté par la figure 5.) eftant fait vn Cercle quel on voudra, fçauoir le Cercles ABCD de ladite figure 5. pour l'Horizon & circonference dudit premier Analemme, foient faits à part autant d'autres Cercles, qu'il y a de Parallels à reprefenter tous egaux audit Cercle ABCD de la figure 5. pour la circonference des autres Analemmes particuliers. Et ces Cercles feront la reprefentation & apparence de l'Horifon defdits Analemmes: Item le centre E defdits Cercles fera la reprefentation, & apparence du point Vertical, ou Pole fuperieur, dudit Horizon, appellé Zenith.

2. Pareillement, pour faire la defcription du Magnetique, Elliptique, encor qu'en iceluy l'Horizon, ne foit pas confideré, comme le Cercle principal, auquel les autres Cercles doiuent eftre referez & proportionnez; fuppofé neantmoins qu'on d'efcriue ledit Magnetique par vne femblable methode, que le Planifphere fufdit, faifant autant d'Analemmes particuliers, qu'il y a de Parallels de l'equateur

à y repreſenter, tous ſemblables en conſtruction à ceux dudit Planiſphere ; & qu'il n'y a aucune incommodité ny repugnance de faire le 1. Analemme du Magnetique qui eſt celuy de l'equateur egal au 1. Analemme du Planiſphere, il faudra commencer ledit 1. Analemme dudit Magnetique par l'Horizon, pour lequel on fera vn Cercle egal au Cercle ABCD de la figure 5 ſi mieux on n'aime faire ſeruir ladite figure 5. pour le 1. Analemme tant du Magnetique que du Planiſphere, comme nous auons fait. Pour ce qui eſt des Horizons des autres Analemmes particuliers dudit Magnetique ; d'autant qu'ils doiuent eſtre referez & proportionnez aux Ellipſes d'iceux Analemmes, comme il a eſté dit, la grandeur & dimenſion d'iceux n'en peut eſtre trouuée qu'en pratiquant ce qui eſt dit au § ſuiuant.

DESCRIPTION DES Cercles Azimuths : comme en la figure 4.

3.

LEs Azimuths, qui ſont de grands Cercles de la Sphere, s'entrecoupants mutu-

Elliptique ou Ouale nouueau.

ellement au point du Zenith, & tombans perpendiculairement sur le plan de l'Horizon; sont representez sur le Planisphere, Analemme Horizontal, & sur le plan du Magnetique, Elliptique, comme Diametres du Cercle Horizontal. Partant, puisque les Azimuths sont au nombre de 180. diuisant l'Horizon en 360. degrez egalement, desquels Azimuths le premier est celuy, qui passe par les points d'Orient & d'Occident, appellé simplement, le Vertical; & desquels le 90. est celuy qui passe par les Poles du Monde, & par le milieu de l'Hemisphere superieur & inferieur, appelé Meridien: il s'ensuit que pour representer ces Cercles Azimuths en la circonference du Cercle Horizontal ABCD de la figure 5. & de tous autres Analemmes particuliers tant du Planisphere susdit, que du Magnetiques, Elliptique; il faut diuiser le Cercle ABCD en 4. quarts, comme nous auons fait en la figure 4. par les Diametres Orthogonels BD & AC (desquels celuy là est l'apparence du Cercle Vertical, ou premier des Azimuths, & celuy cy l'apparence du Cercle Meridien, ou 90. Azimuth,) puis il faut diuiser chacun desdits quarts de Cercle BA, DA, BC, DC, en 90. parties egales (qui seront les degrez de l'Horizon, par lesquels passent lesdits Azimuths) commençants des points Oriental & Occidental B & D ; & enfin il faut mener du centre E du Cercle A B C D, des lignes droites, ou rayons par les diuisions ou degrez defdits quarts de Cercle, & ces rayons feront les apparences & reprefentations des Cercles Azimuths requis, lefquels eftants perpendiculaires à l'Horizon & veus directement apparoiffent comme lignes droites.

4. Sur quoy remarquez que le centre E de l'Horizon A B C D de la figure 4. ou 5. (& de tous les autres Horizons des Analemmes particuliers, tant du Planifphere que du Magnetique, Elliptique fufdits) qui eft le centre commun de tous les rayons des Azimuths defdits Analemmes, eft le lieu du Stil, fur lequel doit eftre posée l'aiguille d'Aimant. Car notez que l'Office de cette aiguille eft de reprefenter en tout Magnetique le rayon ou apparence de l'Azimuth, qui paffe par le corps du Soleil, & par confequent de defigner l'heure du Soleil de la mefme façon, que feroit ledit Azimuth, s'il eftoit d'efcript fur le plan defdits Magnetiques, fçauoir par l'interfection de l'Ellipfe, ou autre ligne reprefentant le Parallel du Soleil, laquelle fe faifant en quelque point horaire, ou en l'efpace de deux points horaires d'icelle ligne, denote l'heure ou la partie de l'heure qu'il

est. D'où vient qu'en ces Magnetiques, il n'est necessaire de d'escrire les rayons des Azimuths, non plus qu'ez Horologes Scioteriques Horizontaux; veu que l'aiguille d'aimant les represente successiuement & faict l'office d'iceux. &c.

DESCRIPTION DES Cercles Almicantaraths : comme en la figure 4.

5.

LEs Almicantaraths, qui sont des petits Cercles de la Sphere Parallels à l'Horizon, au nombre de 90. en la partie superieure, seruants à designer les eleuations du Soleil, sont representez en la circonference du Cercle ABCD de la figure 4. & 5. & generalement en tous les Horizons des Analemmes particuliers tant du Planisphere que du Magnetique, Elliptique, par des Cercles concentriques & Parallels ausdits Horizons, les Diametres desquels on trouuera comme s'ensuit: Estant proposé de d'escrire les apparences des Cercles Almicantaraths sur le plan Horizontal de la figure 4. soit le Cercle Horizon ABCD d'icelle figure pris & confideré pour le Cercle Meridien, auquel cas le Diametre A C fera l'apparence de l'Horizon fur le plan dudit Meridien, item le Diametre B D fera l'apparence du Cercle Vertical fur le mefme plan, & le point B fera le point du Zenith, item le point D du Nadir : foient donc par les diuifions des quarts A B & C B du Cercle A B C D (lefquels je fuppofe eftre diuifez en 90. degrez egalement) menées des lignes Parallels a A C d'vne part de la circonference à l'autre part oppofés (comme font les lignes Parallels à A C de la figure 4. qui font entre E & B) icelles feront les Diametres, fections communes, & apparences des Cercles Almicantaraths fur ledit plan du Meridien, qui feruiront a d'efcrire (fur le plan du mefme cercle A B C D pris & confideré pour l'Horizon) les apparences & reprefentations des mefmes cercles Almicantaraths ainfi qu'il eft requis, fi le mefme cercle A B C D eft repris & confideré pour l'Horizon, le Diametre A C pour l'apparence du cercle Meridien, le Diametre B D pour l'apparence du cercle Vertical, & le centre E pour le point du Zenith & Nadir ; puis eftant pris auec le compas le demi diametre d'vn des Almicantaraths, quel on voudra de ceux qui font defja trouuez fur le plan du mefme cer-

Elliptique ou Ouale nouueau.

cle ABCD on d'efcrit du centre E de l'interualle dudit demi diametre vn cercle concentrique & Parallel à l'Horizon; puis eſtant pris auec le compas le demi diametre d'vn autre Almicantarath, on d'efcrit du meſme centre E vn autre cercle pareil au precedent & ainſi des autres. Car ces cercles concentriques & Parallels à l'Horizon ſeront les apparences & repreſentations des Almicantaraths ſur le plan de l'Horizon.

Voyez la figure 4. où ſont repreſentez la 15. 30. 45. 60 & 75. deſdits Cercles.

6.

REmarquez qu'on peut d'eſcrire ces cercles Almicantaraths ſur le Planiſphere Analemme Horizontal (où il n'y a qu'vn ſeul Horizon) pour ſeruir à trouuer les heures par les eleuations du Soleil : mais non pas ſur le plan du Magnetique Elliptique, à cauſe qu'y ayant en iceluy pluſieurs Horizons excentriques & inegaux, ces Almicantaraths circulaires ſeroient excentriques & variables, de mesme que lesdits Horizons. Mais on poura les d'escrire en chacun des Analemmes particuliers dudit Magnetique, pour trouuer les points où les Ellipses d'iceux sont coupées par les cercles Almicantaraths, moyennant lesquels points, je donneray le moyen (en la 2. partie de ce traité) de d'escrire en ce Magnetique des Almicantaraths, Elliptiques & vn Horizon de figure semblable, representez par la figure 30. qui seruiront pour trouuer les heures par les Eleuations du Soleil, & de plus la declinaison de l'aiguille d'Aimant: comme nous dirons en son lieu.

§ 2.

OV SONT DONNE'ES LES DESCRIptions de l'Equateur & des Cercles Parallels à iceluy: Item des heures Astronomicques sur le Planisphere, Analemme Horizontal, & sur le plan du Magnetique, Elliptique.

I.

L'EQVATEVR estant vn grand cercle de la Sphere, oblique à l'Horizon, qui diuise le se le Ciel ez deux Hemispheres Septentrional & Meridional, duquel les poles sont les poles Arctique & Antarctique du Monde, & lequel est diuisé en 24. heures; ou parties egales, par 12. grands Cercles perpendiculaires passants par lesdits poles, appelez Cercles horaires Astronomiques, desquels le premier est le Meridien: pour representer ce Cercle Equateur sur le plan de l'Horizon ABCD de la figure 5. ou premier des Analemmes particuliers tant du Planisphere Analemme Horizontal, que du Magnetique Elliptique, estant cogneüe l'obliquité ou eleuation Meridienne dudit equateur, laquelle est tousiours le complement de la latitude du Pays, que l'on trouuera dans la Carte Geographique de la Prouince, ou autrement il faudra faire deux choses, sçauoir, il faudra premierement trouuer les points horaires dudit equateur sur le plan dudit Horirizon ABCD de la figure 5. puis par lesdits points horaires trouuez descrire vne ligne courbe ou Ellipse, qui sera l'apparence & representation de l'equateur oblique & encliné au plan de l'Horizon: comme il sera prescript cy apres.

C

DESCRIPTION DES
points horaires de l'equateur sur le Planisphere, Analemme Horizontal : comme en la figure 5.

SVPPOSE' donc que l'eleuation de l'equateur soit en ce pays de Lorraine de 41 degrez 20 minutes.

Pour trouuer les points horaires dudit equateur sur le plan du cercle ABCD de la figure 5. premier Analemme dudit Planisphere particulier pour l'equateur (que j'appelle aussi le Parallel d'Aries & de Libra, & que je denote par les caracteres ♈ & Balance :) il nous faut recourir à l'Analemme Meridien, & d'escrire sur le plan du cercle Meridien l'apparence dudit equateur & de ses points horaires premierement: pour ce faire, soit le cercle ABCD de la fig. 5. pris & considerépour le Cercle meridien (auquel cas le Diametre AC sera l'apparence du Cercle Horizon sur le plan de ce Cercle, & le Diametre Orthogonel BD sera l'apparence du Cercle Vertical sur le mesme plan, item le point B sera le point du Zenith) puis

Elliptique ou Ouale nouueau.

soit le quart de Cercle CB dudit Meridien diuisé en 90. degrez, & chaque degré en 60. minutes commençant dés le point Horizontal C, & soit pris depuis ledit point Horizontal C vers B l'arc de 41. degrez 20. minutes, qui est l'eleuation de l'equateur en ce Pays, & du terme dudit arc (que je suppose estre le point Q) soit menée par le centre E du Cercle ABCD le Diametre PQ, iceluy sera le Diametre & l'apparence requise de l'equateur, ou Parallel de ♈ & de la Balance, sur le plan de l'Analemme meridien. Soit aussi menée la ligne FG Orthogonelle à PQ par le mesme centre E, & icelle sera l'apparence de l'Axe du monde, passant par les Poles de l'equateur, sur le mesme plan ; duquel Axe l'extremité F sera l'apparence du pole artique ou Septentrionel ; & l'autre extremité G sera l'apparence du pole antartique ou Meridionnel.

3. Et pour trouuer sur le mesme plan Meridien les apparences des points horaires de l'equateur ou Parallel d'♈ ou de la Balance, ainsi qu'il est requis, puisque la ligne PQ est le Diametre dudit equateur ou Parallel sur le plan du meridien, comme il est dit cy dessus, soient les demi cercles PAQ, PCQ (qui sont descrits sur le Diametre PQ) pris & considerez pour les demi cercles Oriental & Occidental

C ij

dudit equateur ou Parallel; le point Q sera en ce cas le point du Midy, & le commencement du demi cercle Occidental QCP, item le point P sera le point de la minuit & le commencement du demi cercle Oriental PAQ. Soient donc ces demi cercles diuisez chacun en 12. heures egalement, & par ces diuisions horaires de l'vn & de l'autre demi cercle soient menées des lignes Radiales, occultes, Parallels à FG * icelles couperont la ligne PQ (qui est l'apparence dudit equateur ou Parallel sur le plan Meridien) en des points, qui seront les apparences des points horaires de la partie Oriental & occidentale dudit equateur, comme ils apparoissent sur ledit plan, en sorte qu'vn mesme point horaire de la ligne PQ representera tousiours les heures du soir & du matin egalement esloignées du midy & de la minuit, comme par exemple, le point d'vne heure du soir de la ligne PQ representera aussi le point de deux heures du matin; & le point de deux heures du soir de la mesme ligne PQ representera aussi le point des dix heures du matin : ainsi des autres.

* Notez qu'en la figure 5. je n'ay tiré les lignes Radiales prescriptes cy dessus, tant à cause qu'elles doiuent estre occultes, qu'à cause que je donne cy apres vne autre methode

Elliptique ou Ouale nouueau 37

de trouuer les points horaires requis sans ces Radiales, à laquelle la methode precedente de les d'escrire par ces Radiales est vn acheminement. Ie n'ay aussi marqué les nombres des heures du soir & du matin de la ligne PQ de peur de confusion.

4. Maintenant par le moyen des points horaires de la ligne PQ, nous trouuerons les apparences requises des points horaires de l'equateur ou Parallel de ♈ & Balance sur le plan de l'Horizon du 1. Analemme particulier, comme il sera dit incontinent. Car notez qu'estants menées par lesdits points horaires de la ligne PQ, des lignes Parallels à la ligne Verticale BD, & perpendiculaires à la ligne Horizontale AO, icelles seront les Radiales ou plustost les sections Diametres & apparences (sur le plan du Cercle ABCD pris pour Meridien) de certains Cercles Parallels au Cercle Vertical passants par les points horaires de la partie Orientale & Occidentale de l'equateur, ou Parallel de ♈ & de la Balance, egalement esloignez du midy & de la minuit, & non seulement sur le plan dudit Cercle ABCD pris pour Meridien: mais aussi sur le plan du mesme Cercle pris pour Horizontal. Car puisque les plans de ces Cercles Parallels au Cercle Vertical coupent perpendiculairement le plan

C iij

Meridien & le plan Horizontal, qui sont l'vn & l'autre Orthogonels au plan dudit Vertical; il s'ensuit que ces Cercles sont representez sur l'vn & l'autre desdits plans par les mesmes lignes, par consequent que ces lignes Paralleles à B D, representantes lesdits Cercles passants par les points horaires de l'equateur contiennent chacune les apparences (sur ledit plan Horizontal) des deux points horaires du soir & du matin egalement esloignez du midy & de la minuit par lesquels passent les Cercles Parallels susdits. Cause pourquoy j'appelleray doresnauant ces lignes Parallels à B D, lignes des heures du soir & du matin, en distinction d'autres lignes Parallels à A C, qu'il faut encore d'escrire, pour trouuer les points horaires requis : ce qui se fera comme s'ensuit, sçauoir,

5. Soit le Cercle ABCD de la figure 5. repris & consideré pour le plan Horizontal, & la ligne A C pour la section du Meridien sur ledit plan, item la ligne B D pour la section du Vertical : de plus les lignes Paralleles à B D susdites soient considerées pour les lignes des heures du soir & du matin sur ledit plan Horizontal : Et d'autant que l'equateur, ou Parallel d'♈ ou de la Balance coupe led. plan obliquement ez points Oriental & Occidental des 6. heures du matin & du soir, B & D; & que

Elliptique ou Ouale nouueau. 39

par consequent le Diametre BD du Cercle ABCD peut estre pris & consideré pour le Diametre dudit equateur ou Parallel; soient les demi cercles BCD & DAB (qui sont d'escripts sur ledit Diametre BD) pris & considerez pour les demi cercles Meridional & Septentrional dudit equateur, ou Parallel; le point B, qui est le point des 6. heures du matin, sera en ce cas le commencement du demi cercle Meridional BCD, item le point D, qui est le point des 6. heures du soir sera le commencement du demi cercle Septentrional BAD; soient donc ces demi cercles diuisez chacun egalement en 12. heures, & par ces diuisions horaires de l'vn & l'autre demi cercles soient menées des lignes Paralleles à la ligne Meridienne AC; icelles seront les Radiales, ou plustost les sections & apparences (sur le plan du Cercle ABCD pris pour Horizontal) de certains Cercles Parallels au Cercle Meridien passants par les points horaires de la partie Meridional & Septentrionale de l'equateur ou Parallel de ♈ & ♎, egalement esloignez des 6. heures du matin & du soir, & entrecoupants perpendiculairement les Cercles precedents Parallels au Cercle Vertical, ez points horaires de mesme denomination vn chacun le sien, d'où s'ensuit que les lignes Pa-

C iiij

ralleles à A C, qui representent lesdits Cercles, contiendront chacune les apparences (sur ledit plan Horizontal) des deux points horaires du jour, & de la nuict egalement esloignez des 6. heures du soir & du matin, par lesquels passent les Cercles susdits Parallels au Meridien. Cause pourquoy j'appelleray doresnauant ces lignes Paralleles à A C, les lignes des heures du jour & de la nuict, en distinction des precedentes. Puis donc que les lignes des heures du soir & du matin contiennent en elles les apparences des points horaires requis ; & que les lignes des heures du jour & de la nuict les contiennent aussi, s'ensuit que les points d'intersections, où les lignes des heures du jour & de la nuict, entrecouperont les lignes des heures du soir & du matin de mesme nombre, & denomination vne chacune la sienne ; seront les points horaires requis. Par exemple, le point d'intersection, où la ligne d'vn heure du jour & de deux heures de la nuict Parallele à A C entrecoupera la ligne d'vne heure du soir & de deux heures du matin Parallele à B D, sera l'apparence du point de 2. heure apres midy: item le point d'intersection, où la ligne de deux heures du jour, & de dix-heures de la nuict Parallele à A C entrecoupera la ligne de deux heures du soir, & de dix-heures du matin Pa-

rallele à BD, sera l'apparence de deux heures
apres midy: & ainsi des autres.

AVTRE DESCRIPTION des points horaires susdits sans mener les Radiales Parallels à FG prescriptes en la description precedente.

6.

ON peut d'escrire les lignes des heures du soir & du matin, Parallels à BD, prescriptes cy dessus, d'vne autre façon plus exacte & plus briefue, qu'il n'est dit au n. 4. precedent, sans mener les Radiales Parallels à FG prescriptes au n. 3. cy dessus. Car remarquez qu'en la figure 5. estant menée la ligne QTM, Parallele à AC, du point Q (qui est le terme de l'eleuation de l'equateur) sera fait le Triangle PQM, dont les costez PQ & QM seront coupez proportionellement, & l'vn comme l'autre par les lignes des heures du soir & du matin Paralleles à BD, & au costé PM, prescriptes cy dessus, ainsi qu'il appert par la 2. prop. du 2. des Elem. geom. d'Euclide. D'où s'ensuit qu'estant autour du costé QM dudit Triangle (ou qui est la mesme chose, autour de OV, qui luy est egal, & est entre mesmes Paralleles) d'escript vn Cercle, sçauoir le Cercle OZV, ainsi qu'autour de PQ est d'escript le Cercle ABCD; & estant ce Cercle OZV diuisé en 24. heures egalement commençant dés le point du midy Q, ainsi que ledit Cercle ABCD; puis estants par les diuisions dudit Cercle OZV menées des lignes Paralleles à BD; ces lignes qui sont aussi Paralleles à la base PM du Triangle susdit PQM, couperont les costez QM & PQ du mesme Triangle proportionnellement, comme font les lignes des heures du soir & du matin prescriptes cy dessus au n. 4. (ainsi qu'il appert par la mesme prop. 2. du 6. des Elem. geom. d'Euclides) par consequent ces lignes Paralleles à BD donneront les points horaires de la ligne Equinoctiale PQ, comme auparauant sans les Radiales Paralleles à l'Axe FG.

C'est pourquoy en pratique, estant d'escript le Cercle ABCD, & les Diametres Orthogonels AC & BD, item l'equateur PQ, & l'Axe FG, ainsi qu'il est dit au n. 2. soit d'abord menée la ligne QTM Parallels à AC, coupant BD au point T; & dudit point T de l'interualle QT, foit fur la ligne QTM d'efcript vn Cercle, ou (ce qui eft la mefme chofe) foit du centre E du mefme interualle QT d'efcript le Cercle OZV fur la ligne OV, qui eft egale à la ligne QTM & entre mefmes *Paralleles* & foit ledit Cercle diuifé en 24 heures egalement commençant dés l'interfection Meridienne O, & par les diuifions foient menées des lignes *Paralleles* à BD, icelles feront les mefmes lignes des heures du foir & du matin, qu'auparauant; de forte que fi on d'efcrit de plus les lignes des heures du jour & de la nuict prefcriptes cy deffus au n. 5. feront trouuées les apparêces des poincts horaires requis, qui ne feront autres que les points des interfections mutuelles des lignes des heures du jour & de la nuict, & des lignes des heures du foir & du matin de mefme nombre & denomination d'vne chacune la fienne, ainfi qu'il a efté monftré cy deffus.

Notez que cette methode derniere de defcrire les lignes des heures du foir & du matin eft plus exacte & plus propre à noftre deffein, comme nous verrons à la fuitte de ce Traicté.

AVTRE DESCRIPTION
des points horaires proposez, sans mener les lignes des heures du jour & de la nuit Paralleles à A C.

7.

QVoy que la methode de trouuer les points horaires proposez donnée au n. 6. precedant soit tres propre & tres facile en pratique, neantmoins pour plus grande cognoissance de ces points horaires, je donneray encor icy la methode de les trouuer par les Cercles Almicantarath (qui nous seruira d'instruction & de precognoissance, pour trouuer les heures au Magnetique Elliptique par les eleuations du Soleil, aussi bien que par les Azimuths) qui est telle que s'ensuit.

Estants en la fig. 5. d'escriptes les lignes des heures du soir & du matin, ainsi qu'il est prescript au n. 6. precedant, lesquelles coupent la ligne Equinoctiale P Q en ses points horaires, soient par les mesmes points horaires menées des lignes Paralleles à A C d'vne part de la circonference du Cercle A B C D jusques à

Elliptique ou Ouale nouueau. 45

l'autre part opposée; icelles seront les Diametres & apparences (sur le plan du Meridien) des Cercles Almicantaraths passants par les points horaires de l'equateur, qui seruiront à trouuer les apparences des points horaires de l'Equateur sur le plan Horizontal, autrement qu'il est dit ez n. n. precedents, sans diuiser le Cercle A B C D, ny mener les Parallels des heures du jour & de la nuit, s'y estants pris auec le compas les interualles des demi-diametres des Almicantaraths susdits, on d'escrit du centre E des Cercles concentriques, & Parallel à l'Horizon A B C D. Car ces Cercle seront les apparences (sur le plan Horizontal) des Cercles Almicantaraths passants par les points horaires de l'equateur, lesquelles couperont les lignes des heures du soir & du matin d'escriptes cy dessus de mesme nombre & de nomination, vne chacune la sienne, en des points qui seront les apparences des points horaires requises.

Ie n'ay point d'escrit ces Almicantaraths en la fig. 5. tant à cause, qu'ils y auroient causé vne confusion trop grande, qu'à cause aussi, que la chose est facile à entendre de soy mesme. Venons maintenant à la description des points horaires proposez sur le plan du Magnetique Elliptique, à laquelle les descriprions precedentes ne sont qu'vn acheminement.

DESCRIPTION DES
points horaires de l'Equateur fur le plan du Magnetique Elliptique comme en la figure 5.

8.

PVis que nous d'eſcriuons icy le Magnetique Elliptique par vne methode ſemblable à celle du Planiſphere, ſçauoir par pluſieurs Analemmes particuliers ſemblables en conſtruction à ceux dudit Planiſphere, differents ſeulement d'iceux, en ce qu'ils ont les Ellipſes egales, & les Horizons ou circonferences inegales, & qu'il nous eſt libre de faire le premier des Analemmes dudit Magnetique, qui eſt celuy de l'equateur ou Parallel d'♈ & de la Balance, egal au premier des Analemmes particuliers du Planiſphere, qui eſt la figure 5. d'eſcripte cy deſſus, s'enſuit, que pour trouuer les apparences des points horaires propoſez ſur le plan dudit Magnetique Elliptique, il n'y aura autre choſe à faire, que de d'eſcrire la meſme figure 5. qui ſera le premiere Ana-

Elliptique ou Ouale nouueau. 47

lemme d'iceluy, aussi bien, que du Planisphere. Cela supposé, on poura d'escrire ladite figure tres briefuement obseruant la pratique suiuante (qui est vn racourcy & abregé de ce qui est dit ez n. n. 2. 3. 4. 5. & 6. precedents) laquelle est telle que s'ensuit: Estant fait le Cercle ABCD, & les Diametres Orthogonels AC & BD de la figure 5. soit prise sur le quart de Cercle CB depuis C vers B, l'eleuation de l'Equateur du *Pays*, que je suppose estre 41. degrez 20. minutes, & par le terme Q de ladite eleuation, soit menée la ligne QO Parallele à BD, de plus du centre E de l'interualle EO soit d'escript le Cercle OZV, lequel soit diuisé en 24. heures egalement, commenceant dés le point O, & par les diuisions soient menées des lignes *P*arallels à BD, icelles seront les lignes des heures du soir & du matin. Soit de plus le Cerle ABCD diuisé en 24. heures egalement, commenceant dés le point C, & par les diuisions soient menées des lignes Paralleles à AC, icelles seront les lignes des heures du jour & de la nuit, lesquelles couperont les lignes des heures du soir & du matin de mesme denomination, vne chacune la sienne, en des points, qui seront les apparences des points horaires de l'equateur requises, conformement à ce qui est dit ez n. n. 2. 3. 4. 5. & 6. precedents.

DESCRIPTION DE l'Ellipse representante l'Equateur: comme en la figure 5.

9.

LEs apparences des points horaires de l'equateur estantes descriptes (comme il est dit ez n. n. precedents) sur le plan Horizontal du Cercle ABCD de la figure 5. premier Analemme particulier pour l'equateur, tant du Planisphere que du Magnetique Elliptique proposé, lesquelles se retrouuent toutes en vne Ellipse; à raison que tout Cercle encliné & oblique à l'Horizon, tel qu'est ledit equateur, apparoist sur le plan Horizontal, comme vne vraye Ellipse: il s'ensuit, que si on veut d'escrire l'apparence dudit equateur, il n'y aura autre chose à faire, sinon de mener vne ligne courbé par lesdits points horaire, qui sera l'Ellipse BODV de la figure 5. laquelle on pourra d'escrire, ou par vn Traict hardy sans instrument, ou plus parfaictement par l'instrument, dont s'ensuit la description ou autrement, comme nous dirons en la deuxiesme partie.

CONSTRVCTION

CONSTRVCTION D'VN
Inſtrument à d'eſcrire toutes ſortes d'Ellipſes.

10.

LA conſtruction de cet inſtrument eſt tirée de la methode de d'eſcrire la figure 5. donnée au n. 8. precedent, ou de la methode generale de d'eſcrire les Ellipſes, qui eſt telle que s'enſuit.

Methode generale de d'eſcrire les Ellipſes.

CEtte Methode n'eſt beaucoup differente de celle qui eſt donnée au n. n. 8. & 9. precedens. Car de meſme que pour d'eſcrire l'Ellipſe BODV de la fig. 5. il a fallu premierement trouuer pluſieurs points d'icelle, ſçauoir les points horaires repreſentants les 24. heures egalement diſtantes dud. Equateur, puis d'eſcrire vne ligne courbe par leſdits points horaires trouuez : de meſme auſſi pour d'eſcrire les autres Ellipſes, il eſt neceſſaire de trouuer pluſieurs points d'icelles Ellipſes repreſentants pluſieurs points quels on voudra (egalement ou inegalement diſtants) du Cercle encliné, duquel elle eſt la repreſentation ou apparence. Eſtant donc propoſé de d'eſcrire vne ſemblable Ellipſe à l'Ellipſe B O D V de la fig. 5 dont le plus grand Diametre eſt B D, & le plus petit O V, ſoit de l'interualle du grand demi diametre E B donné, d'eſcript du centre E le Cercle A B C D, duquel l'Ellipſe B O D V eſt la repreſentation ou apparence, & iceluy diuiſé en pluſieures parties egales ou inegales, comme on voudra, ſoit du meſme centre E de l'interualle du petit demi diametre E V, d'eſcript vn autre Cercle, ſçauoir le Cercle O Z V, & ſoit iceluy diuiſé en autant de parties ſemblables à celles du Cercle A B C D, commenceant de meſme part, & de meſme rayon.

(Notez que ces Cercles ſeront ſemblablement diuiſez, ſi eſtant premierement diuiſé le Cercle A B C D, comme il eſt propoſé, on mene du centre E des rayons, ou lignes droites par les diuiſions dudit Cercle, coupantes l'autre cercles.) Cela fait, ſoient par les diuiſions du petit cercle O Z V menées des lignes Paralleles au grand Diametre B D, & par les diuiſions du grand cercle A B C D ſoient menées des lignes Paralleles au petit Diametre O V, ces dernieres Paralleles couperont les premieres qui ſont de meſme denomination (je veux

Elliptique ou Ouale nouueau. 51

dire, chacune celle, qui appartient à semblable diuision de l'vn & l'autre Cercle) en des point, qui seront les apparences des points proposez de l'Ellipse BODV, comme il est requis: conformement à ce qui est dit au n. 8. cy dessus, & au n. 6. precedent.

De laquelle methode generale j'infere cette proposition, sur laquelle est fondé l'instrument proposé.

11. Qu'en toute Ellipse estant de tout point d'icelle, qu'elle on puisse donner, menée vne ligne droicte egale au grand demi-diametre, se terminante au petit Diametre, icelle ligne sera tousiours coupée par le grand Diametre à l'interualle du petit demi-diametre, c'est a dire que l'interualle intercepté entre ledit point donné de l'Ellipse, & l'intersection du grand Diametre & de ladite ligne, sera tousiours egale au petit demi-diametre. Car soit donné le point H, ou tout autre qu'on voudra de l'Ellipse BODV de la figure 5. duquel soit menée la ligne HLR egale au grand demi-diametre EB, en sorte qu'elle se termine au petit diametre OV en quelque point, comme R, icelle ligne HLR sera coupée par le grand Diametre BD, à l'interualle HL, qui sera egal au petit demi-diametre EO. Car suiuant la construction de la figure 5. par le point H donné

D ij

soit menée vne ligne Parallele au petit diame-
OV, sçauoir la ligne FH, coupant le Cercle
du grand Diametre ABCD au point F, duquel le point H est l'apparence, item par le mesme point H soit menée vne autre ligne Parallele au grand Diametre BD, sçauoir la ligne
HN coupant le Cercle du petit diametre OZV
au point N, de sorte que par construction les
lignes FH & ER soient Paralleles, comme aussi les lignes HN & LE. puis donc que FH &
ER sont Paralleles, & que la ligne HLR est
egale au demi-diametre EB ou FE, par construction ; s'ensuit que les lignes egales FE &
HLR, qui sont entre les Paralles FH & ER,
sont aussi Paralleles entre elles, par la 30. du 1.
des elem. geom. d'Euclide. Item puis que HN
& LE sont aussi Paralleles par construction, &
entre les Paralleles NE & HL. S'ensuit, par la
33. du 1. des elem. geom. d'Euclide, que HL est
egale à NE, c'est a dire au rayon du Cercle
OZV, & parconsequent au petit diametre EO
de l'Ellipse; ce qu'il falloit montrer.

12. D'ou il appert qu'on pourra d'escrire
vne Ellipse demandée, par exemple l'Ellipse
BODV de la figure 5. auec vn instrument ayant
trois pointes, premierement auec le compas
representé par la figure 2. si on ouure les pointes d'iceluy ; en sorte que la premiere & troi-

ziefme pointes R & H comprennent le grand demi-diametre E B de l'Ellipse, & que la 2. & 3. pointes L & H comprennent le petit diametre E O (mais notez que ces 3. pointes doiuent estre en mesme plan & ligne. C'est pourquoy, il faut que la pointe L dudit compas puisse estre racourcie & allongée au besoin) qu'estant fait, on met la pointe R dudit compas sur le petit diametre O V, & la pointe L sur le grand Diametre B D, puis on tourne cet instrument, en sorte que la premiere pointe R ne sorte jamais du petit diametre O V, ny la 2. pointe L ne sorte aussi jamais du grand Diametre B D (à quoy est necessaire vne plaque de cuiure ou d'autre matiere, semblable à celle qui est representée par la figure 3, où soient faites deux fentes Orthogonelles l'vne à l'autre en forme de croix, lesquelles fentes estantes posées sur lesdits Diametres B D, & O V de l'Ellipse, seruiront à conduire les pointes R & L de l'instrument ou compas susdit sur lesdits Diametres) & alors la 3. pointe H descrira l'Ellipse requise par tous les points d'icelle, ainsi qu'il appert par ce qui est dit ez n. n. 11. & 12 precedents.

13. Secondement, on poura d'escrire la mesme Ellipse auec vne petite lamme ou regle, en laquelle soient fichées 3. pointes en

D iij

mesme ligne, distantes l'vne de l'autre, comme les points H, L, R de la ligne HLR, (ou bien deux pointes seulement, comme les pointes R & L, l'extremité H seruant pour la 3. pointe). Car ladite pointe ou extremité H d'escrira l'Ellipse, si on met la pointe R sur le petit diametre OV, & la pointe L sur le grand diametre BD, puis on tourne ladite regle, en sorte que la pointe R ne sorte du diametre OV, ny la pointe L du diametre BD (à quoy est necessaire vne pareille plaque à la susdite auec ses fentes Orthogonelles, pour conduire les pointes R & L de cette regle, ainsi qu'il est requis.)

Et remarquez qu'au lieu d'icelles pointes R & L, on peut adiuster à cette regle deux clauettes, ayants la teste oblongue, pour couler iustement au long des fentes susdites, lesquelles clauettes nous d'escrirons plus amplement en la 2. partie, lors que nous traicterons de la Touche ou Al'hidade de la figure des mois tournante en Oual, au subject de laquelle j'ay rapporté icy la construction de cet instrument, notamment de cette regle auec ses clauettes, qui n'est autre qu'vn modele grossier de ladite touche ou Al'hidade.

DESCRIPTION GEnerale des points horaires des Parallels de l'Equateur en l'Analemme Horizontal: comme en la figure II.

14.

Qvoy que tous les Parallels de l'Equateur, les Parallels du Soleil (c'eſt a dire ceux que le Soleil deſcript par ſon mouuement journaillier d'Orient en Occident ſur les Poles du monde, appellez les Parallels des Signe du Zodiaque) ſeuls ſoient neceſſaires en ce Planiſphere & au Magnetique : neantmoins d'autant que les Parallels des Eſtoilles y ſont vtils, ſeruants à trouuer l'heure de nuit par les Eſtoilles : Item les Parallels des longueurs des jours ſeruants à cognoiſtre la durée du jour artificiel, & du leuer & coucher du Soleil ; je donne icy la methode generale de deſcrire ces Parallels, auant que de donner les methodes particuliers de les deſcrire.

Notez donc premierement (que comme nous auons deſia dit du commencement au n° 3. de l'auant propos de cette 1. partie,) on ne peut pas trouuer les points horaires des Parallels proposez immediatement sur le Planisphere l'Analemme Horizontal (sans vne confusion extreme) & qu'il est necessaire de descrire autant d'Analemmes particuliers, qu'il y a de Parallels à representer en ce Planisphere, esquels Analemmes il faut trouuer les points horaires desd. Parallels, en vn chacun, ceux de son Parallel seulement : puis ces points horaires estants trouuez les transporter sur ledit Planisphere, &c.

Notez secondement que tout Parallel de l'Equateur, quel il soit, estant au respect du plan de l'Horizon oblique & encliné de la méme obliquité, & inclination que l'Equateur (auquel il est equidistant & Parallel) & diuisé en 24. heures egalement de mesme que ledit Equateur, par 12. grands Cercles horaires astronomiques, est representé sur ledit Planisphere par vne Ellipse toute semblable à l'Ellipse BODV de la figure 5. qui represente l'Equateur ; d'où s'ensuit que pour trouuer les points horaires d'icelle Ellipse representant ledit Parallel, il n'y aura qu'a obseruer la mesme methode & construction, que nous auons prescript cy dessus ez n. n. 3. 4. 5. & notamment au n. 6. ou 8. de ce §. Toute la difficulté est

Elliptique ou Ouale nouueau. 57

donc de trouuer la proportion & grandeur de ladite Ellipse au respect de l'Horizon ou circonference dudit Planisphere, à laquelle ladite Ellipse doit estre referée & proportionnée. (Car comme il est dit en l'auant propos de cette premiere partie, la circonference de tous les Analemmes particuliers, qu'il faut faire, pour trouuer les points horaires des Parallels proposez sur ledit Planisphere, doit estre tousjours egale, & les Ellipses qui representent lesd. Parallels doiuent par raison contraire estre inegales, suiuant la proportion desdits Parallels à l'Horizon) partant auant que venir à la description des points horaires de l'Ellipse susditte, il faudra pratiquer premierement la construction suiuante, pour trouuer la grandeur des grands & petit Diametres d'icelle Ellipse, dont la proportion nous est encor incognëue. Soit donc proposé de descrire les points horaires de quelque Parallels de l'Equateur, par exemple, du Parallel ou Tropique de Cancer, qui decline de l'Equateur de 23. degrez 30. minutes du costé du Septentrion ; Item du Parallel ou Tropique de Capricorne, qui decline de l'Equateur de 23. degrez 30. minutes du costé du midy. Pour ce faire, soit descript pour chacun desdits Parallels ou Tropiques vn Analemme particulier; vn pour le Tropique de

Cancer; sçauoir la figure 7. l'autre pour le Tropique de Capricorne : sçauoir la figure 9. en chacun desquels soit premierement fait & obserué ce qui s'ensuit. Sçauoir, soit descript le Cercle a b c d egal au Cercle ABCD de la figure 5. premier des Analemmes particuliers du Planisphere, lequel Cercle soit pris & consideré pour le Meridien : puis estants menez par le centre dudit Cercle a b c d (que je suppose estre le point M, representant le centre du monde) les Diametres Orthogonels a c & b d (dont celuy cy est le Diametre & apparence du Cercle Vertical sur le plan dudit Meridien, & celuy là le Diametre, & apparence de l'Horizon sur le mesme plan) soit sur le quart de Cercle c b diuisé en 90. degrez egalement commenceant du point c, & soit de c vers b pris l'arc de l'eleuation de l'equateur (que je suppose estre de 41. degrez 20. minutes) & du terme dudit arc, (que je suppose estre le point q) soit menée par le centre M. le Diametre p q, qui sera le Diametre & apparence dudit equateur sur le plan du Meridien ; Item soit mené le Diametre F G perpendiculaire à p q qui sera l'Axe du monde, le tout ainsi que nous auons fait en la figure 5. De plus soit en la figure 7. qui est l'Analemme particulier pour le Tropique de Cancer, pris l'arc de 23. degrez 30. minutes, declinaiſon dudit Tropique, ſur les quarts de Cercle q F & p F depuis les points equinoxtiaux p & q, du coſté du Pole artique F, à cauſe que la declinaiſon dudit Tropique de Cancer eſt Septentrionelle, & en la fig. 9. qui eſt l'Analemme particulier pour le Tropique de Capricone, ſoit pris de meſme l'arc de 23. degrez 30. minutes, declinaiſon du Tropique de Capricorne, ſur les quarts de Cercle p G & q G, depuis les meſmes points Equinotiaux p & q, du coſté du Pole Antarctique G, à cauſe que la declinaiſon dudit Tropique de Capricorne eſt Meridionelle. Cela fait, par les termes de laditte declinaiſon de l'vne & l'autre figure ou Analemme (que je ſuppoſe eſtre les points P & Q egalement diſtants des points Equinotiaux p & q) ſoit menée la ligne P Q Parallele à l'Equateur p q, coupant l'Axe F G au point E ; icelle ligne P Q ſera le Diametre & l'apparence du Parallel ou Tropique ſur le plan Meridien a b c d deſdites figures ou Analemmes ; & le centre E ſera le centre dudit Parallel ou Tropique, par lequel ſoit menée la ligne A C Parallele à la ligne a c du Cercle a b c d, icelle coupera la ligne b d dudit Cercle au point e, qui ſera l'apparence du centre de l'Horizon ou circonference deſdites figures ou Analemmes. Soit donc dudit centre e de l'interualle de MQ descript en l'vne & l'autre desdites figures vn Cercle, pour l'Horizon ou circonference d'icelles figures, qui sera egal au Cercle a b c d, puis d'autant que la ligne PQ est le Diametre des Tropiques ou Parallels proposez, soit autour dudit Diametre descrit du centre E le Cercle A B C D & ce Cercle estant diuisé (de mesme que le Cercle A B C D de la figure 5) en 4. quarts par les Diametres Orthogonels A C & B D, Parallels aux Diametres a c, & b d du Cercle Meridien a b c d, soit en la circonference dudit Cercle A B C D maintenant obserué, & pratiqué tout ce qui est prescript ez n n. 3. 4. 5. ou plustost ce qui est prescript ez n n. 6. ou 8. de ce §, pour la description des points horaires de l'Ellipse BODV de la figure 5. sans y changer quoy que ce soit, sinon qu'au lieu, où il est parlé de l'Equateur ou Parallel de Belier & de la Balance, il faut entendre le Parallel ou Tropique de Cancer & de Capricorne proposez; seront trouuez les points horaires des Ellipses desdits Tropiques, lesquels seront tous en des Ellipses plus petites, que l'Ellipse BODV de l'Equateur de la figure 5. Mais qui luy seront semblables (s'il n'y a point d'erreur) à raison que ces Tropiques, ayants mesme obliquité & inclination que l'Equateur

Elliptique ou Ouale nouueau. 61

au respect de l'horizon, sont representez par des Ellipses semblables & proportionnelles.

15. Voila la methode generale de descrire les points horaires de tous les Parallels des Analemmes particuliers du Planisphere, lesquels estants descrits, ces Analemmes particuliers doiuent estre rapportez sur le premier desdits Analemmes, sçauoir sur la figure 5. ou sur vne autre semblable & egal, où tout soit occulte, exceptez les points horaires d'icelle (comme en la figure 11. qui represente le Planisphere) posant lesdits Analemmes particuliers susdits l'vn apres l'autre sur ladite figure 11. en sorte que le centre e de l'Horizon ou circonference de chacun d'iceux soit vnis au centre E de ladite figure, & la ligne Meridienne A C d'iceux soit vnis à la ligne Meridienne d'icelle, & punctuant à chaque fois les points horaires desdits Analemmes particuliers auec la pointe d'vn compas, ou d'vne Aiguille, pour les marquer sur le plan de ladite figure 5. ou 11. apres quoy, on descrira des lignes courbes ou Ellipses par les points horaires ainsi marquez, appartenants à mesmes Parallels. Et de plus on menera encor d'autres lignes courbes ou portions d'Ellipses trauersantes les susdites : par les points horaires de mesme denomination, qui seront les apparen-

ces des Cercles horaires Astronomicques, & sera acheué le Planisphere Analemme Horizontal representé par la figure 11.

Cette pratique de rapporter les points horaires des Analemmes particuliers sur la figure du Planisphere, est mechanicque; aussi ne l'ay-je prescript, qu'à cause qu'elle fait assez bien comprendre ce Planisphere inusité: Que si quelqu'vn desire vne methode plus Geometrique, il poura transporter lesdits points horaires sur la fig. 11. de ce Planisphere, descriuant occultement sur icelle les Azimuths & Almicantaraths, qui passent par les points horaires des Annalemmes particuliers. Car les intersections d'iceux donneront lesdits points horaires requis.

⋅❦⋅ ⋅❦⋅ ⋅❦⋅ ⋅❦⋅ ⋅❦⋅ ⋅❦⋅ ⋅❦⋅ ⋅❦⋅

DESCRIPTION GEnerale des points horaires des Parallels de l'Equateur ez Analemmes particuliers du Magnetique Elliptique: comme ez fig. 8. & 10.

16.

REMARQVEZ Premierement ce qui est dit au n. 4. & 8. de l'Auant propos de

Elliptique ou Ouale nouueau. 63

cettte premiere partie, que la description du Magnetique Elliptique par plusieurs Analemmes particuliers, que nous donnons icy, n'est que pour mieux faire voir le rapport & proportion, qu'il y a entre ledit Magnetique & l'Annaleme Horizontal: & que cela n'empesche pas, qu'on ne le descriue par vn seul Analemme, sçauoir par la seul figure 5. Car comme tous lesdits Analemmes particuliers dudit Magnetique Elliptique sont sēblables & egaux l'vn à l'autre, hors-mis en vn point, qui est le centre de l'Horizon (comme il appert par les figures 5. 8. & 10.) si on ommet les circonferences de l'Horizon & du Meridien, qui n'y seruent de rien : & que les Ellipses de tous lesdits Analemmes, qui representent les Parallels de l'Equateur sont non seulement semblables à l'Ellipse BODV de la figure 5. representant l'Equateur; mais mesme luy sont egales (comme il a esté dit en l'auant propos de cette premiere partie) il s'ensuit qu'vn seul Analemme, sçauoir ladite figure 5. suffira pour la description du Magnetique Elliptique.

Remarquez Secondement, que pour descrire ledit Magnetique par plusieurs Analemmes particuliers (supposé ce qui est dit) il n'y a autre chose a faire, qu'a reprendre la fig. 5. pour chacun desdits Analemmes & y adjouster ce qui suit : sçauoir.

Estant proposé de descrire sur le plan des Analemmes particuliers du Magnetique Elliptique les points horaires des Parallels ou Tropiques de Cancer & du Capricorne, & estant pour chacun des Analemmes desd. Tropiques reprise la fig. 5. ou bien estants faites deux autres semblables & egales (où tout soit occulte, exceptez les points horaires de l'Ellipse BODV) vne pour Cancer, sçauoir la figure 8. vne autre pour Capricorne, sçauoir la figure 10. (quoy qu'vne seule peut suffit pour l'vn & l'autre Tropique, ainsi que nous verrons au n. 18. suiuant) soit cette Ellipse BODV de l'vne & l'autre figure prise & considerée pour l'apparence de l'vn & de l'autre Tropique sur le plan horizontal, item le centre E soit pris pour le centre dudit Tropique, pareillement le Diametre PQ passant par ledit centre E soit pris & consideré pour le Diametre & apparence dudit Tropique sur le plan du Meridien. Cela estant fait, il ne restera plus en l'vne ny en l'autre figure, que de trouuer le centre du Cercle Meridien & du Cercle Horizon. Pour ce faire, soit en chacune desdites figures, du point Q extreme du Diametre PQ, descrit vn arc de Cercle par le centre E, & soit sur l'Arc de la figure 8. qui passe ainsi par E, prise la declinaison du Tropique de pique de Cancer, qui eſt de 23. degrez 30. minutes depuis le point E, du coſté du Pole antarctique G; a raiſon que ce Tropique de Cancer eſtant Septentrionel, le centre E d'iceluy eſt plus voiſin du Pole Arctique F, que le centre du Meridien, pareillement ſur l'Arc de la figure 10. deſcript par le point E, ſoit priſe la declinaiſon du Tropique de Capricorne, qui eſt de 23. degrez 30. minutes; depuis le point E du coſté de F (par raiſon contraire) & ſoit par le terme de ladite declinaiſon menée du point Q la ligne Q M, icelle ligne Q M coupera l'Axe FG au point M, qui ſera le centre du monde, de ſorte que ſi de ce point M comme centre de l'interualle Q M, eſt deſcript le Cercle a b c d en l'vne & l'autre figure, ce Cercle ſera le Meridien en l'vne & l'autre figure. Et pour trouuer le centre de l'Horizon, je veux dire l'apparence du centre M ſur le plan du Cercle A B C D pris pour Horizontal, ſoient menez par le centre M les Diametres Orthogonells a e & b d, Parallels aux Diametres A C & B D du Cercle A B C D, le Diametre b d, qui peut eſtre pris pour la Radiale du centre du monde M, coupera la ligne AC au point e, qui ſera le centre de l'Horizon requis, en ſorte, que, ſi du point e, comme centre, eſt deſcrit vn Cercle de l'interualle M Q, en la fi-

E

gure 8. & en la figure 10. iceluy fera l'Horizon d'icelles figures.

17. Et voila la methode generale defcrire les points horaires de tous les Parallels des Analemmes particuliers du Magnetique Elliptique, lefquels eftants defcripts, ces Annalemmes particuliers deuront eftre rapportez en vn fçauoir en la figure (5. ou en vne autre femblable, comme eft la fig. 12. en laquelle tout foit defcript occultement, exceptez les points horaires de l'Ellipfe BODV, & le centre E) pofant lefdits Analemmes fur ladite figure 12. l'vne apres l'autre, en forte que le centre E de l'Ellipfe d'iceux tous foit vni au centre E d'icelle figure 12. & la ligne Meridienne AC d'iceux foit vnis à la ligne Meridienne de ladite figure, (auquel cas les Horizons defdits Analemmes feront excentriques & feparez) & punctuant de chacun Analemme le centre e de fon Horizon particulier feulement (car pour ce qui eft des points horaires defdits Analemmes, ils conuiendront auec les points horaires de l'Ellipfe BODV de ladite figure 5. ou 12.) & fera fait le Magnetique Elliptique, qui ne fera compofé que des centres des Horizons excentriques des Analemmes fufdits, & des points horaires de l'Ellipfe BODV de la fig. 5. qui feruiront à reprefenter les heures non

Elliptique ou Ouale nouueau.

seulement de l'Equateur, mais auſſi de tous les Parallels d'iceluy, par l'approche ou recul du centre ou Stil mobile de l'Aaiguille d'Aimant, lequel doit eſtre touſiours conduit & mené ſur le centre de l'Horizon excentrique, qui conuint au reſpect de l'Ellipſe B O D V priſe pour le Parallel du Soleil; ainſi qu'il a eſté dit du commencement de l'auant propos de la 1. partie n. 4.

AVTRE DESCRIPTION
des points horaires des Parallels de l'Equateur ſur le plan du Magnetique Elliptique: comme en la fig. 12.

18.

DE ce qui eſt dit ez n n. 16. & 17. precedents il eſt euident, que le Magnetique Elliptique, qui n'a que les points horaires de la ſeule Ellipſe B O D V de la figure 5. peut eſtre deſcript par vn ſeul Analemme ſçauoir par la ſeule fig. 5. adjouſtant en icelle les centres des Horizons excentriques ſeulement. Ce qui ſe poura faire tres-briefuement, comme s'enſuit.

Soit proposé de descrire les point horaires Tropiques de Cancer & de Capricorne, sur le plan du Magnetique proposé. Pour ce faire, soit reprise la figure 5. (ou en soit fait vne autre semblable & egale, où tout soit descript occultement, hors-mis les points horaires de l'Ellipse BODV, comme est la figure 12.) puis du point Q extreme du Diametre PQ soit descript vn arc par le centre E, sur lequel soit prise de part & d'autre dudit point E la declinaison du Tropique de Cancer d'vne part, sçauoir du costé de G, & la declinaison du Capricorne d'autre part sçauoir du costé de F, puis par les termes d'icelles declinaisons soient menées les lignes droictes QM, QM, coupantes l'Axe FG ez points M, M, de part & d'autre du centre E, & enfin par les points M, M, soient menées les lignes Radiales M e, M e, Parallels a BD, qui couperont la ligne AC ez points e, e, de part & d'autre du centre E, qui seront les centres des Horizons excentriques des deux Tropiques requis, & les termes du petit Zodiaque du Magnetique Elliptique. Notez que le centre du Tropique de Cancer est du costé de C & celuy du Capricorne du costé de A.

AVTRE DESCRIPTION

des mesmes points horaires des Parallels de l'Equateur sur le plan du Magnetique Elliptique plus briefue, que la precedente: comme en la fig. 12.

19.

DE la Construction de la figure 12. appert que les lignes E e, E e, qui sont les distances des centres des Horizons excentriques des Tropiques de Cancer & de Capricorne, au respect du centre E, sont proportionelles aux lignes E M, E M, comme la ligne T E au rayon ou demi-diametre Q E ; à cause des Triangles semblables E M e, & E Q T, dont les costez sont proportionaux ; comme il appert par la 4. du 6. des elem. geom. d'Euclide. D'où s'ensuit, qu'estant du point T comme centre descript vn Arc vers E, & sur iceluy prise la declinaison du Tropique de Cancer d'vne part depuis le point, où ledit Arc est coupé par la ligne B D du costé de C ; Item la declinaison de Capricorne d'autre part depuis

E iij

le mesme point du costé de A ; & du point T par les termes desdites declinaisons menées des lignes droites ou Rayons T e, T e iceux couperont la ligne AC, ez mesmes points e, e qu'auparauant, qui pour ce seront les centres des Horizons excentriques des Tropiques de Cancer & de Capricorne au respect du centre E, & les termes du petit Zodiaque du Magnetique Elliptique comme auparauant. Car les lignes T e, auec les lignes T E, & E e, feront les Triangles T e E, T e E, semblables & Equiangles aux Triangles Q M E, Q M E desquels les costez sont proportionaux. C'est pourquoy pour trouuer d'abord les centres des Horizons excentriques des Tropiques de Cancer & de Capricorne proposez sur vn seul Analemme, autrement que dit est au n. 18. precedant; soit du point Q menée la ligne QT Parallele a AC, coupant BD en T; puis du point T comme centre soit descript vn Arc vers E de quelle ouuerture on voudra, sur lequel soit depuis le point, où il est coupé par la ligne BD, prise la declinaison Septentrionelle de Cancer du costé de C, & la declinaison Meridionelle de Capricorne du costé de A, pour la raison, que nous auons dit cy dessus au n. 16. & par les termes desd. declinaisons soient menées les lignes ou rayons T e, T e, ces rayons couperont la ligne Meridienne A c ez points e, e, qui feront les centres des Horizons excentriques au respect de l'Ellipse BODV, prise pour l'apparence des Tropiques proposez, c'est a dire les mesmes que nous auons trouuez par la methode du n. 18. precedent.

REFLECTION SVR LES Analemmes particuliers du Planisphere Analemme Horizontal, & du Magnetique Elliptique, pour cognoistre le rapport & proportion, qu'il y a entre lesdits Planisphere & Magnetique.

20.

SI Nous faisons reflection sur les Analemmes particuliers du Magnetique Elliptique, qui ont les Ellipses representantes les Parallels de l'Equateur, toutes egales, & les Cercles representants les Horizons tous inegaux, & les comparons auec les Analemmes particuliers du Planisphere, de mesme caractere & denomination (lesquels ont les cercles representans les Horizons egaux, & les Ellipses representantes les Paralleles de l'Equateur inegales) vn chacun auec le sien, sçauoir la figure 8. auec la 7. la 10. auec la 9. nous trouuerons, que nonobstant l'inegalité des vns & l'egalité des autres, si on mene des rayons du centre e des vns & des autres, par les points horaires de leurs Ellipses (qui seront les rayons des Azimuths) ces rayons seront les mesmes ez vns, comme ez autres, c'est adire que les rayons des Azimuths de la figure 8. seront les mesmes que ceux de la figure 7. & ceux de la figure 10. seront les mesmes que ceux de la figure 9. par ce que la figure 8. estant semblable en construction à la figure 7. & la figure 10. à la figure 9. leurs lignes seront proportionnelles, vne chacune à la sienne de mesme denomination; & les Angles desdites lignes seront egaux, & par consequent les rayons des Azimuths seront les mesmes Angles au centre des vnes & des autres. D'où s'ensuit que de mesme que les Analemmes particuliers, qui ont les Horizons egaux, estants rapportez en vn, constituent le Planisphere susdit, qui sert d'Horologe Magnetique, lors qu'au centre d'iceluy est posée vne Aiguille d'Aimant, de mesme aussi les Analemmes particuliers, qui ont les Horizons inegaux, & les Ellipses egales, estants rapportez en vn, comme dit est cy dessus, constituent vne figure proportionelle audit Planisphere, qui sert d'Horologe Magnetique, si on pose vne Aiguille d'Aimant au centre d'icelle figure. Et cet Horologe Magnetique est d'autant plus commode, que tous ses Analemmes particuliers estants rapportez en vn, en sorte que toutes les Ellipses egales d'iceux Analemmes, soient concentriques, & conuiennent en vne mesme Ellipses (auquel cas ledit Horologe aura reciproquement plusieurs centres) on peut poser ladite Aiguille d'Aimant sur vn Stil ou piuot mobile; lequel peut estre conduit & menée sur le centre de l'Horizon excentrique du Parallel du jours du mois, au respect duquel centre l'Ellipse commune represente ledit Parallel, & ce regulierement & facilement par le moyen de la figure des mois que je donneray en la deuxiesme partie, pour l'vsage de laquelle il ne sera necessaire d'auoir la cognoissance des Paralleles des signes du Zodiaque, qui est requise pour l'vsage des autres Magnetiques, auis suffira de sçauoir le jour du mois, &c.

21. Que si le Lecteur desire sçauoir plus partilierement, qu'elle est la proportion du Magnetique Elliptique au Planisphere susdit, li

remarquera, qu'en la fig. 7. & 9. le demi-diametre EQ du Parallel ou Tropique de Cancer & de Capricorne, est le Sinus de complement de l'Arc qQ, qui est la declinaison desdits Tropiques, au respect du demi-diametre MQ du Cercle abcd, pris & consideré, comme le Sinus total; & la distance ME dudit demi-diametre EQ est le Sinus droit du mesme Arc qQ declinaison desdits Tropiques. Et en la figure 8. & 10. esquelles le demi-diametre EQ est egal au demi-diametre MQ susdit de la figure 7. & 9. ce demi-diametre EQ (à cause de son egalité auec ledit demi-diametre MQ des figures precedentes peut estre pris & consideré pour Sinus total, & en ce cas, la ligne QM de la figure 8. & 10. sera secante de l'arc que nous auons descript par E de 23. degrez 30. minutes qui est egal à l'Arc qQ de la figure 7. & 9. & la distance ME sera la tangeante du mesme Arc. En quoy il y a vne parfaicte proportion. Car puis que le Sinus de complement d'vn Arc est en mesme proportion auec le Sinus total, comme le Sinus droict du mesme Arc auec la tangeante d'iceluy Arc, & comme le sinus total à la secante dudit Arc; ainsi qu'on peut voir en la figure premiere, où le Sinus de complement EK ou FG est en mesme proportion auec le Sinus total EA, comme le

Sinus total EF à la secante EH, & comme le Sinus droit EK à la tangeante HA; à cause des Triangles semblables FEK & HEA, desquels les costez sont proportionnaux: s'ensuit qu'il y a mesme proportion du demi-diametre EQ des figures 8. & 10. au demi-diametre EQ des figures 7. & 9. comme du demi-diametre MQ, & de la distance EM des vnes, au demi-diametre MQ, & à la distance EM des autres, &c. Nous pouuons aussi montrer par vn semblable discours, que la distance des centre Ee des figures 8. & 10. est en la mesme proportion que dessus, à la distance Ee des figures 7. & 9. à cause des Triangles MEe des vnes & des autres, lesquels estants semblables & equiangles, ont leurs costez proportionaux.

AVTRE REFLECTION
sur les Analemmes particuliers du Magnetique Elliptique.

22.

DE ce qui est dit n. 7. de ce § touchant la description des points horaires de l'Equateur par les Almicantaraths en la figure 5.

Il appert que nous pouuons aussi descrire les points horaires des Parallels de l'Equateur par le moyen desdits Cercles Almicantaraths ez figures des autres Analemmes particuliers, par exemple les points horaires du Tropique de Cancer en la figure 8. & les points horaires du Tropique de Capricorne en la figure 10. menant des lignes Parallels à la ligne Horizontale a c desdites figures par les points horaires du Diametre P Q d'vne part de la circonference du Meridien a b c d à l'autre part opposée, qui seront les Diametres des Almicantaraths horaires; puis prenant auec vn compas les interualles des demi-diametres desdits Almicantaraths compris entre ladite ligne a c & ladite circonference du Meridien a b c d, & descriuant du centre e de l'Horizon des Cercles concentriques & Parallels audit Horizon; car ces Cercles couperont les lignes des heures du soir & du matin Paralleles à B D, en des points, qui seront les apparences des points horaires requises.

Sur quoy remarquez qu'en tous les Analemmes particuliers du Magnetique Elliptique (où le Diametre P Q, qui est l'apparence du Parallel sur le plan du Meridien, est tousiours egal) non seulement les lignes des heures du soir & du matin Paralleles à B D sont tousiours egales, comme aussi les lignes des heures du jour & de la nuict Paralleles à AC, mais encor les Diametres des Almicantaraths horaires susdits Parallels à AC sont tousiours egalement distants. D'où s'ensuit qu'estants menez, lesdits Diametres des Almicantaraths horaires en tous les Analemmes particuliers du Magnetique, & ces Analemmes estants rapportez en vn sçauoir en la figure 5. premier desdits Analemmes, ensorte que le centre E, & l'Axe FG de tous soient vnis au centre E, & à l'Axe FG de ladite figure 5. (ou bien ensorte que la ligne bd de tous soit vnis à la ligne BD de la figure 5. & le centre E de tous soit en ligne AC de ladite figure 5.) alors sera faite vne figure, où les Diametres desdits Almicantaraths horaires de mesme denomination conuiendront les vns auec les autres, vn chacun auec le sien, & seront vnis ensemble : mais les centre M des Meridiens inegaux desdits Analemmes particuliers seront excentriques & distants l'vn de l'autre en l'Axe FG (ou bien en ligne BD) & ceste figure sera vn Horologe Vertical excentrique mobile d'vn pareil artifice que le Magnetique Elliptique dont nous traictons, qui montrera les heures du Soleil par les eleuations du Soleil sur lesdits Diametres des Almicantaraths horaires, à l'aide d'vn perpendicule appliqué à vn centre mobile en l'Axe FG (ou bien en ligne BD) lequel pourra estre conduit sur le centre de celuy des Meridiens excentriques, qui conuient au Parallel du jour du mois courant, & ce par vne figure des mois Elliptique auec vne Touche tournant en Ellipse semblable à celle du Magnetique Elliptique, que nous descrirons en la deuxiesme partie, pour laquelle il ne faudra autre cognoissance, que du jour du mois courant, (mais notez qu'il faudra, que ce perpendicul puisse estre accourcy & allongi, & fait egal au demi-diametre MQ du Meridien excentrique susdit) moyennant quoy, si cet Horologe Vertical est exposé au Soleil, ensorte que la ligne BD soit Parallele au rayon du Soleil (ce qu'on cognoistra, si ledit rayon passe par les trons de deux petites pinulles attachées au costé dudit plan, qui est Parallel à la ligne BD,) alors le perpendicul, tombant en bas de sa propension naturelle, descrira de son extremité le Cercle Meridien excentrique susdit, & s'arrestant denotera par sadite extremité l'heure ou partie de l'heure qu'il est entre les Diametres des Almicantaraths horaires susdits.

I'ay rapporté icy cet Horologe Vertical nouueau, au subject d'vn Magnetique vniuersel, que je don-

ne à la fin de ce traicté, qui montre les heures par l'Aiguille, & par le perpendicule vniuersellement par tout le mōde pour l'intelligence duquel il eſtoit beſoing de donner la conſtruction de cet Horologe, venons maintenant aux deſcriptions particuliers des Parallels des Signes du Zodiaque, & autres.

§. III.

OV EST DONNE'E LA deſcription des Parallels du Soleil, (qui ſont les Parallels des ſignes du Zodiaque) ſur le plan du Magnetique Elliptique.

I.

LE Parallel, que le Soleil deſcript journellement par ſon mouuement d'Orient en Occident ſur les Poles de l'Equateur, change tous les jours de declinaiſon au reſpect dudit Equateur; a raiſon que le Soleil ayant (outre ce mouuement journaillier) vn autre mouuement Annuel d'Occident en Orient, ſur d'autres Poles, diſtants des Poles de l'Equateur de 23. degrez 30. minutes, ledit mouuement Annuel le fait decliner journellement dudit Equateur, & descrire tous les jours vn Parallel nouueau. Or ces Parallels du Soleil ne sont autres, que les Parallels des Signes du Zodiaque. Car ce mouuement Annuel du Soleil se fait en l'Eccliptique c'est a dire en vn grand Cercle oblique à l'Equateur, distant d'iceluy de 23. degrez 30. minutes en sa plus grande distance; lequel passe par les 12. Signes & constellations, qui composent le Zodiaque celeste: sçauoir par le Belier, par le Taureau & les autres, &c.

Lesquelles 12. constellations, ou Signes celestes ont donné fondement de diuiser ledit Cercle Eccliptique (ou cours Annuel du Soleil) en 12. parties egales, appellées des noms de ces 12. Signes, respondantes en quelque façon ez 12. mois de l'Année, chacune desquelles parties ou Signes est subdiuisée en 30. degrez, respondants aussi en quelque façon aux jours desdits mois.

2. Or notez premierement que jaçoit qu'à chaque jour de l'Année ou à chaque degré desdits Signes, le Soleil descriue vn Parallel nouueau; à cause de sa gradation journailliere en son Eccliptique, par laquelle il auance tous les jours enuiron d'vn degré dudit Cercle, on
se contente

se contente neantmoins de descrire ez Magnetiques ordinaires, & autres Horologes, les Parallels, qui passent par les commencements des Signes, ou parties egales de l'Eccliptique, ensorte que le Zodiaque desdits Magnetiques n'est ordinairement composé, que de 7. Parallels; à raison que des 12. Signes ceux du demi-cercle ascendant, & ceux du demi-cercle descendant, qui ont mesme eleuation meridienne: sçauoir le Verseau & Sagitaire, item Poissons & Scorpion, Balance & Belier, Taureau & Vierge, Gemeau & Lion, descriuent mesmes Parallels, & n'y a que les Signes de Cancer & de Capricorne, (lesquels sont les Tropiques & les termes du Zodiaque, ou se font les solstices & retours du Soleil) qui descriuent les Parallels particuliers.

3. Et remarquez que ces Parallels du Zodiaque peuuent estre pris aussi pour les Parallels de la Lune. Car jaçoit que la Lune en son mouuement propre d'Occident en Orient, (par laquelle elle aduance selon la succession des signes, tous les jours de plus de 12. degrez) ne suit pas tousiours l'Eccliptique ou cours du Soleil; si est ce qu'elle ne s'en esloigne jamais tant, qu'on ne puisse prendre, sans erreur sensible, le Parallel du degré de l'Eccliptique, duquel elle est plus voisine, pour le vray Pa-

F

rallel de la Lune.

Notez aussi que ces 7. Parallels du Zodiaque, qui passent par commencements des Signes, doiuent estre necessairement descrits en tous Magnetiques, si ce n'est qu'on y supplée par quelque inuention, comme nous faisons en ce Magnetique Elliptique, où d'autant que il n'y a qu'vne seule Ellipse pour les 7. Parallels dudit Zodiaque, nous y suppleons par les centres des Horizons excentriques mentionnez cy dessus, (qui tiennent lieu du Zodiaque) ou plustost par vn centre mobile (sur lequel est posée l'Aiguille d'Aimant) l'approche ou reculement duquel fait, que cette seule Ellipse represente quel on veut des Parallels susdits.

Car notez que l'Aiguille d'Aimant ne montre pas les heures par son extremité, comme fait l'ombre du Stil perpendiculaire des Horologes Scioteriques, laquelle par son extremité descript journellement d'elle mesme sur le plan desdits Horologes, l'apparence du Parallel, que le Soleil parcourt actuellement, & en ce faisant designe l'heure ou partie de l'heure du Soleil, monstrant par son extremité sur ledit Parallel, & entre les points horaires d'iceluy l'apparence du lieu du Soleil en ces Horologes. Car ladite Aiguille tournant circulairement sur son centre, & descriuant par son extremité le Cercle Horizon, ou quelque autre Cercle Parallel à iceluy (sur le plan duquel elle represente l'Azimuth passant par le corps du Soleil) coupe indifferemment tous les Parallels des Signes & plusieurs Cercles horaires tout a la fois, & partant ne peut designer l'heure qu'il est, que par l'intersection particuliere de l'Ellipse, ou apparence du Parallel du jour du mois, que le Soleil parcourt actuellement ; lequel pour ce subject doit estre descript & representé en ces Horologes Magnetiques.

Que si donc au Magnetique Elliptique, les Ellipses, qui representent ces 7. Parallels des Signes du Zodiaque se treuuent toutes concentriques & vnies en vne seule Ellipse, il faut par raison contraire, que les centres des Horizons soient excentriques & separez l'vn de l'autre, & facent comme vn autre Zodiaque qui supplée au lieu du Zodiaque susdit composé des 7. Ellipses ou Parallels des Signes. Ces choses supposées, les points horaires de l'Ellipse BODV de la figure 5. estants descripts (qui representeront les points horaires de tous les Parallels des Signes du Zodiaque proposez indifferemment) nous n'aurons plus autre chose à faire en ladite figure 5. qu'à descrire les centres du petit Zodiaque susdit, mais la description de ces centres presupose la cognoissance de la declinaison des Parallels des Signes, laquelle nous trouuerons par le moyen de la figure des rayons des Signes, dont voicy la description.

DESCRIPTION DE LA figure des Rayons des Signes du Zodiaque : qui est la trezjesme.

5.

SOIT descript le Cercle ABCD de la figu-13. lequel soit pris & consideré pour le Cercle Meridien, & soient menez les Diametres Orthogonels AC & BD, dont cestuy cy represente le Vertical, & celuy là l'Horison sur le plan dudit Meridien, item soient menez le Diametre PQ de l'Equateur à l'eleuation dudit Equateur (que je suppose estre en ce Pays de 41. degrez 20. minutes) & l'Axe Orthogonel FG, comme nous auons fait en la figure 5. Cela fait, soient du point equinoctial Q sur les quarts de Cercle QF & QG, pris les Arcs de la plus grande declinaison du Soleil (qui est de 23. degrez 30. minutes) qui se termi-

Elliptique ou Ouale nouueau. 85

neront ez points L & S, puis du point L, soit menée par le centre E la ligne LER, icelle sera le Diametre & apparence de l'Eccliptique sur le plan du Meridien, en sorte que les demi-cercles LFR & RGL, qui sont autour dudit Diametre LR, pouront estre pris pour les demi-cercles de l'Eccliptique; partant soient lesdits demi-cercles, diuisez chacun en 6. Signes, ou parties egales, commenceant dés le point L, qui est le commencement de Cancer: item chaque Signe soit subdiuisé en 30. degrez; & soient par les diuisions menées des lignes Radiales occultes perpendiculaires au Diametre LR; icelles couperont ledit Diametre ou apparence de l'Eccliptique LR en des points, par lesquels estants menées des lignes Parallels à PQ d'vne part de la circonference du Cercle ABCD à l'autre part opposée; icelles feront les Diametres & apparences des Parallels des Signes sur le plan du Meridien, lesquels nous donneront sur la circonference ABCD de part & d'autre des points Equinoctiaux P & Q les Arcs de la declinaison desdits Parallels des Signes; sçauoir des Septentrionaux du costé du Pole Arctique F, & des Meridionnaux du costé du Pole Antarctique G; & qui donneront aussi les rayons des Signes requis, si du centre E du Cercle ABCD

F iij

par les termes defdits Arcs de la declinaifon des Signes, on mene des lignes droites ou rayons, comme nous auons fait en la fig. 13.

6. Et remarquez qu'on peut encor defcrire les Rayons de cette figure 13. plus exactement & plus briefuement fans les Radiales occultes fufdites. Car notez qu'en cette figure 13. eftant menée la chorde LS, icelle chorde LS, & la ligne LR, qui font coftez du Triangle LRS, feront coupées proportionellement l'vn comme l'autre par les Diametres des Parallels des fignes fufdits d'où s'enfuit qu'eftant defcript vn Cercle autour de ladite chorde LS (de mefme qu'autour du cofté LR eft defcript le Cercle ABCD) & ce Cercle eft diuifé en 12. Signes ou parties egales, commencemant des le point L, qui eft le point du Cancer, (ainfi qu'à efté diuisé le Cercle ABCD, qui eft autour du cofté LR) & par les diuifions eftants menées des lignes Paralleles à PQ, icelles couperont la chorde LS proportionnellement comme le cofté LR, & partant ces lignes Paralleles à PQ feront les mefmes Diametres des Parallels des Signes, comme auparauant. Car elles diuifent la chorde LS, & le cofté LR proportionnellement, comme dit eft auparauant, ainfi qu'il appert par le 2. prop. du 6. lib des elem. geom. d'Euclide. C'eft pour-

quoy pour defcrire d'abord lefdits Diametres des Parallels autrement, qu'il eſt prefcript cy deſſus, & ſans les Radiales occultes ſufdites. Apres auoir pris les Arcs Q L & Q S de 23. degrez 30. minutes, plus grande declinaiſon du Soleil, de part & d'autre du point equinoctial Q, ſoit menée la chorde L S; autour de laquelle ſoit defcript vn Cercle, lequel ſoit diuiſées en 12. Signes egalement commenceant dés le point L, qui eſt le commencement du Signe de Cancer, puis ſoient menées des lignes Paralleles à P Q par les diuiſions dudit Cercle, icelles ſeront les meſmes Diametres des Parallels des Signes qu'auparauant qui donneront les declinaiſons des Signes, & leurs rayons, ainſi qu'il eſt dit à la fin du n. 5. precedent.

DESCRIPTION DES centres du petit Zodiaque du Magnetique Elliptique : comme en la fig. 14.

7.

SVppoſé la figure 13. des rayons des Signes, il ſera facile de trouuer les centres du petit Zodiaquë du Magnetique. Car soit reprise la figure 5. pour la figure du plan dudit Magnetique (ou bien soit faite vne autre fig. semblable & egale à la figure 5. où tout soit occulte, excepté l'Ellipse BODV, qui sert pour tous les Parallels des Signes, comme est la figure 14) pour adjoûster en cette figure les centres du petit Zodiaque du Magnetique Elliptique proposez, soit du point Q, comme centre descript vn Arc de Cercle vers le centre E, d'egale circonference, que celle de la figure 13. puis estants pris auec le compas les Arcs de la declinaison des Signes d'icelle figure 13. qui sont depart & d'autre du poinct Q, soient iceux transportez l'vn apres l'autre sur l'Arc susdit de la figure 14. de part & d'autre du point, où il est coupé par la ligne PQ prise pour le rayon de l'Equateur, ou Parallel du Belier & de la Balance; sçauoir les Septentrionaux du costé de G, & les Meridionaux du costé de F; conformement à ce qui est dit cy dessus au n. 18. du §. precedent. Et du point Q comme centre par les termes desdits Arcs soient menées des lignes droictes, qui seront les rayons des Signes, sçauoir les mesmes que ceux de la figure 13. ces Rayons couperont l'Axe FG en des points, par lesquels estants menées des lignes Radiales occultes Paralleles

Elliptique ou Ouale nouueau. 89

à BD, icelles couperont la ligne AC de part & d'autre du centre E, en des points qui seront les centres du petit Zodiaque du Magnetique Elliptique requis comme il appert par ce qui est dit cy dessus au n. 16. & 18. du §. precedent.

Notez que ces centres du petit Zodiaque susdit sont les centres des Horizons excentriques, ensorte qu'on pourra facilement descrire lesdites Horizons, si desdits centres en descript des cercles de l'interualle des rayons ou lignes droites interceptées entre le point Q, & les points de l'Axe FG, où ledit Axe est coupé par lesdits rayons. Mais ces Horizons ne sont necessaires, comme nous auons dit cy dessus au §. precedent.

AVTRE DESCRIPTION des mesmes centres du Zodiaque: comme en la figure 15.

8.

ON peut trouuer les centres du petit Zodiaque du Magnetique plus briefuement, & sans les Radiales occultes prescriptes cy dessus. Car soit reprise la figure 5. (ou bien en soit faicte vne autre semblable & egale, où tous soit occulte, exceptez l'Ellipse BODV, qui est necessaire pour representer tous les Parallels des Signes; comme est la figure 15.) pour donc adjouter en icelle les centres du petit Zodiaque proposé autrement qu'il est prescript au n. 7. soit du point Q menée la ligne QT Parallele à AC, coupant BD au point T, puis du point T, comme centre soit descript vn Arc de Cercle vers E d'egale circonference à celle de la figure 13. puis estants pris auec vn compas les Arcs de la declinaison des Signes de la figure 13. qui sont de part & d'autre du point Q, soient iceux transportez l'vn apres l'autre, sur l'Arc susdit de la figure 15. de part & d'autre du point, où il est coupé par la ligne BD, prise pour le rayon de l'Equateur ou Parallel du Belier & de la Balance; sçauoir les Septentrionaux du costé de C, & les Meridionaux du costé de A : puis du point T, comme centre, par les termes desdits Arcs soient menées des lignes droictes, qui seront les rayons des Signes, sçauoir les mesmes, que ceux de la figure 13. ces rayons couperont d'abord la ligne Meridienne AC en des points, qui seront les centres du petit Zodiaque du Magnetique Elliptique requis; comme il appert par ce qui est dit au n. 19. du §. precedent.

§. IV.

OV EST DONNE'E LA description particuliere des Parallels des Estoilles les plus remarquables, & les plus propres pour trouuer l'heure de nuict par le Magnetique Elliptique.

I.

REMARQVEZ premierement, que de mesme que les Parallels des Signes du Zodiaque (qui proprement sont les Parallels du Soleil) peuuent seruir, pour les Parallels de la Lune à raison que la Lune parcourt le mesme Zodiaque, & ne s'esloigne jamais tant de l'Eccliptique, qu'on ne puisse, sans erreur sensible, prendre le Parallel du degré de l'Eccliptique plus voisin du lieu de la Lune, pour le Parallel d'icelle, ainsi qu'il est dit au n. 3. du §. precedent: De mesme aussi ces Parallels des Signes du Zodiaque peuuent seruir pour les Parallels des Estoilles, qui sont joignant l'Eccliptique, pour la mesme raison.

Par exemple, d'autant que l'Estoille la plus Meridionale des pleyades dites en françois la poussiniere, est voisine de l'Eccliptique n'estant esloignées du 24. degré du Signe du Taureau, qu'enuiron de 3. degrez du costé du Septentrion; le Parallel dudit 24. degré du Taureau, pourra seruir, sans erreur sensible, pour le Parallel de ladite Estoille. Pareillement, d'autant que l'Estoille, dite le Cœur du Lion, n'est esloignée du 23. degré du Signe du Lion, que de 26. minutes du costé du midy, le Parallel dudit 23. degré poura seruir, sans erreur, pour le Parallel d'icelle Estoille. Item d'autant que l'Estoille appellée l'Espic de la Vierge n'est esloignée du 17. degré du Signe de la Balance que de 2. degrez du costé du midy, & l'Estoille la plus lumineuse de la Balance Meridionelle est esloignée du 10. degré du Signes du Scorpion que de 26. minutes du costé du Septentrion. Et l'Estoille dite le Cœur du Scorpion n'est esloignée du 2. degré du Signe de Sagittaire que de 4. degrez. Item l'Estoille, qui est a la queüe du Capricorne, n'est esloignée du 16. degré du Signe du Verseau que de 2 degrez du costé du midy, les Parallels desdits degrez, desquelles elles sont voisines peuuent seruir pour les Paralleles d'icelles Estoilles.

(Notez que lesdites Estoilles sont toutes remarquables, & faciles à cognoistre par les Signes & constellations du Zodiaque esquelles elles appartiennent, & sont propres pour trouuer l'heure de nuict, en tout temps, lors que le Ciel est serain; à raison qu'il y a tousiours quelques vnes de ces Estoilles, qui apparoissent sur l'Horison.)

2. Remarquez secondement que les mesmes Parallels des Signes du Zodiaque peuuent aussi seruir pour les Parallels des autres Estoilles esloignées de l'Eccliptique, qui ont moindre declinaison que de 23. degrez 30. minutes; à raison que les Parallels d'icelles Estoilles sont contenus entre les Parallels des deux Tropiques, & par consequent conuiennent auec les Parallels de quelqu'vn des degrez desdits Signes. Par exemple, d'autant que le Parallel de l'Estoille, appellée l'œil du Taureau, qui a 16. degrez de declinaison Septentrionelle, conuient auec le Parallel du 12. degré du Signe 8. qui a mesme declinaison. Pareillement le Parallel de l'Estoille, appellée la queüe du Lion qui a 16. degrez & demi de declinaison Septentrionelle, conuient auec le Parallel du 15. degré du Signe du Lion qui a mesme declinaison.

Item le Parallel de l'Eſtoille, appellée le petit Chin, conuient auec le Parallel du 15. degré du Signe de la Vierge. Celuy de l'Eſtoille appellée Arcture, auec celuy du 27. degré du Signe de Cancer. Celuy de l'Eſtoille, appellée l'Aigle, auec celuy du 19. degré du Signe de Belier. Et celuy de l'Eſtoille, qui eſt à la queüe de la Baleine, auec celuy du 12. degré de Belier, qui ont meſme declinaiſon; les Parallels deſdits degrez, auec leſquels ils conuiennent, ſeruiront pour les Parallels deſdites Eſtoilles.

Ces choſes ſuppoſées, il appert que ces 2. ſortes d'Eſtoilles, ſçauoir celles qui ſont toutes voiſines de l'Eccliptique, & celles qui en ſont eſloignées moins que de 23. degrez 30. minutes, il n'eſt neceſſaire d'en deſcrire les Parallels en ces Magnetique à raiſon que les Ellipſes repreſentants les Parallels des Signes ſeruent pour repreſenter auſſi les Parallels deſdites Eſtoilles. Par conſequent il n'eſt neceſſaire au Magnetique Elliptique de chercher les centres, deſdites Eſtoilles; à raiſon que les centres des Signes du petit Zodiaque dudit Magnetique ſeruent pour les centres d'icelles Eſtoiles.

3. Mais pour ce qui eſt des Eſtoilles Septentrionelles ou Meridionelles, qui ont plus grande declinaiſon, que de 23. degrez 30. minutes, & qui par conſequent ont leurs Paral-

Elliptique ou Ouale nouueau.

les hors du Zodiaque, comme est l'Estoille Septentrionelle, qui est à la queüe de la grande Ourse, laquelle à 51. degrez de declinaison. Item celle qui est à la queüe du Cygne, laquelle à 44. degré de declinaison Septentrionelle. Item celle, qu'on appelle le Bouc, qui a 45. degrez 34. minutes de declinaison Septentrionelle, de mesme que pour les representer en l'Analemme Horizontal, il seroit necessaire de descrire des Ellipses separées & esloignées de celles de son Zodiaque par les preceptes generaux donnez cy dessus au n. 14. du §. 2. de même aussi, si on veut se seruir de ces Estoilles, pour trouuer l'heure de nuict par ce Magnetique, il sera necessaire de trouuer les centres des Horizons excentriques desdites Estoilles, esloignez & separez des centres du petit Zodiaque, par les preceptes generaux, que nous auons donné au mesme §. 2. n. 18. & 19. obseruant exactement, ce qui est dit esdits n. n. sans y changer quoy que ce soit, sinon qu'au lieu, où il est parlé de la declinaison des Parallels ou Tropiques de Cancer & de Capricorne, il faut entendre la declinaison des Estoilles proposées.

4. Remarquez que les Estoilles ont cela de propre & de commode, plus que la Lune, qu'elles ne changent de long-temps leurs Pa-

rallels. Car le mouuement propre des Eſtoilles, qui ſe fait d'Occident en Orient ſur les Poles de l'Eccliptique, (lequel les faits decliner de l'Equateur, ainſi que le Soleil & la Lune, & changer de Parallel) eſt ſi lent qu'en 100. ans on n'y apperçoit aucun changement. d'où s'enſuit que les Parallels que les Eſtoilles deſcriuent preſentement, eſtants deſcripts & repreſentez en l'Analemme Horizontal, & les centres de leurs Horizons excentriques au Magnetique Elliptique, ſeruiront pour vne centaine d'Années & plus long-temps ſans aucun erreur ſenſible.

§. V.

OV EST DONNE'E LA deſcription des Parallels des longueurs des jours ſur le Plan du Magnetique Elliptique.

I.

LES Parallels des longueurs des jours ſont certains Parallels de l'Equateur, leſquels ont telle declinaiſon, que les Arcs diurnes ou parties

Elliptique ou Ouale nouueau. 97

parties apparantes d'iceux s'excedent l'vne l'autre de la quantité d'vne heure ou d'vne demiheure, ou d'vne autre partie aliquotte d'vne heure ; enforte que le Parallel d'vne heure est celuy, duquel l'Arc diurne, ou partie apparente fur noftre Horizon eft feulement de 15. degrez (qui font vne heure) & le Parallel de 2. heures eft celuy duquel l'Arc diurne ou partie apparente eft de 30. degrez : ainfi des autres. D'où s'enfuit qu'on pouroit ez Horologes Magnetiques defcrire 24. Parallels, fçauoir autant qu'il y a d'heures au jour naturel ; 12. en la partie Meridionelle, commenceant dés celuy qui touche l'Horizon en cette partie Meridionelle, appellé le Parallel de nulle heure, ou autrement le plus grand des Parallels toufiours occultes, fçauoir les Parallel de 1. 2. 3. 4. 5. 6. 7. 8. 9. 10. 11. heures jufques a celuy de 12. heures, qui eft l'Equateur, & 12. autres en la partie Septentrionnelle, fçauoir les Parallels de 13. 14. 15. 16. 17. 18. 19. 20. 21. 22. 23. & celuy de 24. heures, qui eft celuy, qui touche l'Horizon en ladite partie Septentrionnelle, appellé le plus grands des Parallels toufiours apparents ; lefquels Parallels feruent en ces Horologes Magnetiques & autres, non feulement, pour defigner les longueurs des jours artificiels de toute l'Année, mais auffi

G

pour y defcrire les heures Italiques Babyloniecques, & Antiques comme nous verrons en la deuxiefme partie.

2. Pour ce qui eft donc de la defcription des Parallels propofez fur le plan de l'Analemme Horizontal, ou des centres des Horizons excentriques qui leur conuiennent, fur le plan du Magnetique Elliptique: il n'y a aucune difficulté particulier. Car ils fe defcriuent par les preceptes generaux, que nous auons donné cy deffus au §. 2. n. 14. 18. & 19. obferuant lefd. preceptes exactement & fans y rien changer, finon qu'aux lieux, ou il eft parlé de la declinaifon des Tropiques de Cancer & de Capricorne, il faut entendre la declinaifon des Parallels des longueurs des heures propofez. Mais cette defcription prefuppofe la cognoiffance de la declinaifon de ces Parallels, laquelle nous trouuerons par le moyen de la figure des rayons des longueurs des jours, dont voicy la defcription.

DESCRIPTION DE LA
figure des rayons des longueurs des jours : qui est la 16.

3.

LA description de la figure des rayons des longueurs des jours proposée, est tirée des Analemmes particuliers de ce Magnetique Elliptique. Car remarquez que les rayons des longueurs des jours peuuent estre trouuez chacun en particulier, si on fait pour chaque Parallel des des longueurs des jours vn Analemme particulier, semblable à ceux qui sont prescripts au n. 16. du §. 2. ou bien si on fait vn seul Analemme, où soit pratiqué ce qui s'ensuit : sçauoir estant reprise la figure 5. ou bien estant fait vn autre Analeme, comme est la figure 16. où soit descrit le Cercle ABCD, les Diametres Orthogonels AC & BD, le Diametre de l'Equateur PQ à l'eleuation de 41. degrez 20. minutes au respect du Diametre Horizontal AC, & l'Axe FG ainsi qn'en la figure 5. où de plus soient les demi-cercles QGP & PFQ, qui sont autour du Diametre PQ de

G ij

l'Equateur, pris & confiderez pour les demi-cercles Oriental & Occidental de l'Equateur, & eftants iceux divifez chacun en 24. parties egales, qui feront les heures & demi-heures dudit Equateur, commenceant dés le point P ou Q, qui font les points du midy & de la minuit, foient par les divifions defdits demi-cercles menées des lignes Radiales occultes Parallels à FG; icelles couperont le Diametre ou apparence PQ, en des points, qui feront les heures & demi-heures du foir & du matin, comme en la fig. 5. maintenant pour trouuer le rayon d'vn des Parallels des longueurs des jours propofé, par exemple le rayon du Parallel de 16. heures, foit le Diametre PQ, pris & confideré pour le Diametre du Parallel de 16. heures propofé, & les demi-cercles QGP & PFQ pour les demi-cercles dudit Parallel; puis fur le demi-cercle Oriental PFQ, du point P, foient complées les heures de la longueur du demi-jour c'eft a dire de l'Arc femi-diurne dudit Parallel de 16. heures, fçauoir 8. heures, & par le point defdites 8. heures foit menée vne ligne Parallele à l'Axe FG, coupant ledit Diametre PQ en X, ce point X fera l'heure ortine & occiduelle dudit Parallel de 16. heures, par laquelle eftant menée la ligne XM Parallele à AC, icelle fera la ligne Horizon-

Elliptique ou Ouale nouueau. 101

tale, qui coupera l'Axe FG au point M, qui sera le centre du monde, ou pluftoft le centre du Meridien excentrique, au refpect du centre E pris pour le centre du Parallel de 16. heures propofé, par lequel point M eftant du point Q ou P menée vne ligne droicte, icelle fera le rayon du Parallel de 16. heures requis, c'eft a dire le demi-diametre du Meridien paffant par l'eleuation meridienne ou declinaifon dudit Parallel de 16. heures. Pareillement pour trouuer le rayon du Parallel de 20. heures, foit en la mefme figure 16. fur le demi-cercle PFQ, du point P comptées les heures de l'Arc femi-diurne du Parallel de 20. heures propofé, fçauoir 10. heures, & par le point des 10. heures foit menée vne ligne Parallele à l'Axe FG, coupant le Diametre PQ au point X, par lequel foit menée la ligne XM Parallele à AC, icelle coupera l'Axe FG au point M, qui fera le centre du Meridien excentrique au refpect du centre E pris pour le centre du Parallel de 20. heures, par lequel eftant du mefme point Q, ou P, menée vne ligne droicte; icelle fera le rayon dudit Parallel popofé. C'eft ainfi de tous les autres.

Lefquels rayons donneront les declinaifons des Parallels des longueurs des jours, fi du mefme point Q, ou P, duquel ont efté def-

G iij

cripts ces rayons, on fait vn Arc de Cercle par le centre E (ou vn autre Arc plus grand:) car cet Arc sera coupé en des points, qui seront les termes des declinaisons des Parallels proposez au respect dudit centre E, &c.

4. De cette construction precedente, qui est trop longue, pour estre mise en pratique, est tirée la figure des rayons des longueurs des jours. Car remarquez qu'estants descripts les rayons de nulle heure, & de 24. heures : (notez que le rayon de 0 heure est la ligne Horizontale P M, menée du point P Parallele à A C distants du rayon P E de 41. degrez 20. minutes c'est a dire de l'eleuation de l'Equateur) la ligne M E M interceptée entre les rayons de nulle heure & de 24. heures (qui est la chorde de l'Arc M X M & la Tangente de l'Arc O E 24) est coupée par les autres rayons des longueurs des jours en des points proportionellement distants les vns des autres, comme les points horaires & semi-horaires du Diametre P Q ; ainsi qu'il appert par les Triangles E M X de la figure 16. lesquels estants semblables & Equiangles ont les costez E M (qui sont les distances desdits rayons) proportionaux aux costez E X, qui sont les distances des points horraires & semi-horaires, du Diametre P Q susdits : d'où s'ensuit que si autour de la ligne

Elliptique ou Oual nouueau.

MEM (ou de la ligne SQL, qui luy est egale & Parallele) est descript vn Cercle (comme autour des Diametre PQ) & ce Cercle est diuisé en heures & demi heures, c'est a dire en 48. parties egales, commenceant par le point Horizontal M (ou S) comme le Cercle du Diametre PQ, & par les diuisions sont menées des lignes Radiales occultes Paralleles à ligne PQ, icelles couperont ladite ligne MEM (ou SQL) en des points, par lesquels estants menées des lignes droictes du centre P (ou E) icelles seront les rayons requis, qui couperont l'Arc OE12. (ou l'Arc CQB) duquel elle est la Tangente, & l'Arc MXM (ou l'Arc SZL) duquel elle est la chorde, en des points de part & d'autre du rayon PQ, qui seront les declinaisons des Parallels des longueurs des jours.

5. En pratique donc estant proposé de faire la figure des rayons des longueurs des jours, apres auoir descript le Cercle ABCD les Diametres Orthogonels AC & BD, item les Diametres PQ & FG de la figure 16. soit par le point Q menée vne ligne Parallele à l'Axe FG, coupant la ligne Horizontale AC prolongée au point S, puis du point Q comme centre soit descript vn Cercle par S, & soit ce Cercle diuisé en 48. parties egales, commenceant dés le points S, puis par les diuisions soient me-

G iij

nées des lignes Paralleles à PQ, icelles couperont la ligne SQ, en des points; par lesquels si on mene du centre E des lignes droictes ou rayons, iceux feront les rayons requis de la figure 16. proposée, qui donneront les Arcs de declinaison des Parallels des longueurs des jours de part & d'autre du point Q fur la circonference ABCD.

Autrement soit descript l'Arc SZL du centre E, quel on voudra, coupant EQ prolongé en Z, & soit de part & d'autre dud. point Z pris les Arcs ZS, ZL, de 41. degrez 20. minutes, qui est l'eleuation de l'Equateur, puis soit par les termes S & L menée la chorde SL, coupant la ligne EQ prolongée en quelque point comme Q, duquel point comme centre soit descript par S le Cercle SL, lequel soit diuisé en 48. egalement, commenceant par le point S, puis par les diuisions d'iceluy soient menées des lignes Radiales occultes Paralleles à PQ, icelles couperont la chorde SL, en des points, par lesquels estantes menées des lignes droites, icelles seront les rayons requis, qui donneront sur l'Arc LZS les declinaisons des Parallels des longueurs des jours, &c.

DESCRIPTION DES
centres des longueurs des jours sur le plan du Magnetique Elliptique proposé.

6.

SVPPOSEZ la figure 16. des rayons dès longueurs des jours seront facilement & briefuement descrips les centres des longueurs des jour au petit Zodiaque du Magnetique Elliptique par vne methode semblable à celle, qui est dōnée au n. 8. du §. 3. pour la description des centres des Signes dudit petit Zodiaque. Car de mesme que pour descrire les centres des Signes dudit Zodiaque ont esté descripts cy dessus du centre T de la figure 5. ou 15. les rayons des Signes de la figure 13. sçauoir les Septentrionaux du costé de C, & les meridionaux du costé de A, lesquels par les intersections d'iceux & de la ligne A C ont donné en icelle ligne A C de part & d'autre du centre E, les centres des Signes dudit petit Zodiaque, de mesme aussi, pour descrire les centres des longueurs des jours audit Zodiaque, il n'y aura autre chose à faire, sinon de décrire du même centre T de ladite fig 5 & 15. les rayons des longueurs des jours de la fig. 16 sçauoir les Septentrionaux du costé de C, & les Meridionaux du costé de A, car ces rayons couperont la ligne AC en des points, qui seront les centres des longueurs des jours du Magnetique Elliptique.

7. Ie pourrois donner icy la description des heures Italiques; item la description des Almicantaraths Elliptiques mentionnez au n. 6. du §. 1. Mais ces descriptions trouueront leurs lieux plus a propos en la 2. partie n. 45. du §. 1. Ie pourois aussi adjouster icy la description des heures Antiques; item des Signes ascendants; & des maisons celestes: mais ce seroit grossir en vain ce liuret; ces Cercles n'estants en vsage, sinon aupres des plus sçauants, qui des descriptions precedentes sçauront bien trouuer la methode de décrire ces Cercles en ce Magnetique, s'il le jugent a propos.
Voila cher Lecteur ce qui concerne les principes d'où est tiré le Magnetique Elliptique, reste maintenant de donner la description de la boitte & des pieces, dont il est composé, & les vsages d'iceluy, que nous auons remise en la seconde partie.

Fin de la premiere partie.

SECONDE PARTIE.

EN LAQVELLE SONT données les pratiques les plus faciles, pour la construction entiere & complete du Magnetique Elliptique; & les vsages d'iceluy.

Auant propos de la II. Partie.

I.

APRES Auoir donné les descriptions & representations des principaux Cercles de la Sphere sur le plan du Magnetique Elliptique proposé, & monstré le rapport, qu'à cet Horologe auec l'Analemme Horizontal; il est maintenant apropos d'enseigner quel doit estre ce plan, sur lequel il faut pratiquer lesdites descriptions, & quelles autres pieces & fig. il faut adjouster à ce plan, pour faire que cet Horologe soit d'vn vsage facile, à ce que toutes personnes puissent s'en seruir sans peine, & sans autre cognoissance, que du jour du mois ; ainsi que nous l'auons proposé du commencement.

2 Sur quoy remarquez premierement, que le plan de cet Horologe, ny des autres Magnetiques n'est pas descouuert, comme le plan des autres Horologes Horizontaux, qui montrent l'heure par l'ombre d'vn Stil perpendiculaire, ou par vne regle ou Alhidade qu'on tourne autour dudit Stil à l'endroit du Soleil. Car les Horologes Magnetiques, qui montrent l'heure par vne Aiguille d'Aimant (à cause que la vertu de cette Aiguille est si foible, que le moindre souffle en peut destourner le mouuement) doiuent auoir pour plan le fond d'vne boitte fermée, & couuerte d'vn Christal, dans laquelle soit l'Aiguille d'Aimant, à celle fin que le vent ne puisse empescher le mouuement d'icelles. De sorte que c'est sur le fond de ladite boite, que doiuent estre grauées ou descriptes interieurement les representations & apparences des Cercles de la Sphere, dont nous auons donné les descriptions en la premiere partie.

3. Et notez que pour rendre ce Magnetique plus commode, plus propre a porter sur

foy, il faut que la boitte, fur le fond de laquelle on le defcript, ne foit d'vne eftenduë plus grande, que le requiert ou la figure du plan d'icelluy, ou le mouuement de l'Aiguille d'Aimant, c'eft a dire, que la figure ou circonference tant interieure qu'exterieure deladite boite foit telle, qu'il n'y ait en icelle aucun coin, ny autre efpace fuperflu, d'ou s'enfuit que ladite boite déura eftre de figure Elliptique ou Ouale tant interieurement qu'exterieurement, à caufe que le centre de l'Aiguille d'Aimant eftant en icelle excentrique & mobile felon la ligne du midy, elle requiert (à raifon de cette excentricité) vne figure oblongue, pour faire fon tour, lors qu'elle fera ez centres du petit Zodiaque les plus efloignez.

4. Remarquez fecondement, que l'inuention, que nous adjouftons à la boitte ou plan de ce Magnetique Ellique, pour le rendre d'vfage facile, à ce que toutes perfonnes puiffent fans feruir fans autre cognoiffance que du jour du mois courant, confifte en 2. chofes. La premiere eft vne figure des mois Elliptique, que nous defcriuons exterieurement foubs le fond de la boitte, la circonference laquelle figure nous diuifons ez 12. mois de l'Année, & chaque mois en autant de parties qu'il a de jours. La 2. eft vne Touche, index, ou efpe-

ce d'Alhidade, que nous ajuſtons au milieu de ladite figure des mois laquelle eſt d'vn tel artifice, qu'eſtans circonduitte, elle tourne en Ellipſe, & ce auec vne telle regulariré, qu'elle touche touſiours de ſon extremité la circonference Elliptique de la figure des mois ſuſdite, & eſtant miſe ſur le degré du mois d'icelle figure, qui conuient au iour du mois courans, elle fait mouuoir le centre ou piuot de l'Aiguille d'Aimant ſur le petit Zodiaque interieur, & le porte ſur tel centre, ou point dudit petit Zodiaque, qu'il eſt requis, pour trouuer l'heure juſtement par ce Magnetique. Car notez que puiſque la boitte de ce Magnetique eſt de figure Elliptique, il eſt conuenable, que la circonference de cette figure des mois, que nous deſcriuons exterieurement ſoubs le fond d'icelle, luy ſoit conforme & ſemblable, & la plus grande, que faire ſe peut, à ce qu'elle ſoit plus exacte, & qu'elle empliſſe la face exterieure dudit fond. Pareillement il eſt requis que la Touche, Index ou Alhidade, que nous mettons au milieu de cette figure des mois tourne en Ellipſe, & ſi parfaictement, que de ſon extremité elle ſuiue, & touche en tous points la circonference Elliptique d'icelle figure, & de plus qu'à cette Touche ou Alhidade ſoient iointes telles pieces ou clauettes qu'estant icelle conduitte sur le degré d'icelle figure, qui conuient au jour du mois courant; elle porte par vne fente faite au fond de la boitte, le Stil mobile de l'Aiguille d'Aimant justement sur le centre de l'Horizon excentrique, qui est le centre commun des Azimuths, au respect de l'Ellipse commune prise pour l'apparence du Parallel du jour du mois.

C'est donc de cette boitte du Magnetique Elliptique, & des figures & pieces, qu'il faut adjouster à icelle, que nous auons à traicter en cette seconde partie, principalement de la figure des mois, & de sa Touche ou Alhidade tournant en Ellipse. Voyons les descriptions d'icelles en particulier de chacune dans son ordre.

§. I.
OV EST DONNE'E LA description de la boitte du Magnetique Elliptique, & des figures qu'il faut descrire sur le fond d'icelle interieurement & exterieurement, & des pieces qu'il faut adjouster à cette boitte, pour l'accomplissement dudit Horologe.

I. LA Boitte du Magnetique Elliptique doit estre d'vne matiere forte, sçauoir de cuiure, ou d'argent, d'yuoir, ou de buis. Car toute autre matiere est trop foible, pour resister à l'effort & violence, que font les pieces ou clauettes de l'Alhidade tournante en Ellipse mentionnée cy dessus, si ce n'est qu'estant la boitte d'autre matiere plus foible, on la fortifie d'vne petite piece de cuiure, qu'on attachera au milieu du fond d'icelle exterieurement, pour soustenir l'effort desdites clauettes. Ce qu'il est a propos de faire ez boittes d'yuoir & de buis mesmes, affin qu'elles soient plus durables.

2. Quant à la figure de ladite boitte elle doit estre Elliptique ou Ouale à mode d'vn Reliquiaire, ou d'vne boitte de Montre de la dimension, que nous dirons cy apres.

3. Quant à ses parties, si on la fait d'yuoir où de buis, le corps de la boitte doit estre toute d'vne piece, dans laquelle on fait le creu Ouale, où doit estre logée l'Aiguille d'Aimant & au fond duquel doiuent estre grauez, ou dépeincts les points horaires du Magnetique, pour ce subject, ce fond doit estre bien plat & bien poli, comme le doit estre le plan d'vn Horologe. Mais si on la faict de metail le corps de la boitte doit estre composé de plusieurs pieces; sçauoir d'vne plaque, qui sera le fond de la boitte, & d'vn Agneau ou demi-jour

jour de figure Ouale, qui fera la hauteur d'icelle boitte, qui eſtant ſoudé audit fond formera le corps de la boitte, outre ce il faut vne Aiguille d'Aimant, & vn Chriſtal de figure Ouale, pour couurir laditte Aiguille, lequel entre juſtement en la boitte, & repoſe ſur vn petit filet de cuiure ſoudé audit Anneau: item il faut deux couuertures, l'vne deſſus pour couurir le Criſtal, l'autre deſſous pour couurir la figure des mois & ſon Alhidade, quoy qu'ez boittes de buis & d'yuoir, on peut ſe paſſer de lad. couuerture de deſſous, qui la rendroit trop groſſe & trop eſpaiſſe comme nous dirons plus amplement en la pratique 9. du §. 1.

4. Pour ce qui eſt des figures, qu'il faut grauer en ladite boite, on grauera premierement ſur le fond d'icelle interieurement les points horaires de la figure 5. & pour rendre ces points plus remarquables, il ſera apropos de grauer des lignes Ouales Parallels joignant leſdits points qui feront la figure d'vn rouleau, contenant leſdits points horaires & les nombres d'iceux. De plus on poura ſur le meſme fond grauer ou depeindre vn Ange tenant ce rouleau des heures entre ſes mains; ou bien telle autre figure, qu'il ſemblera bon. Car comme ce fond eſt Elliptique & oblong, ſçauoir plus long que large de la diſtance des cen-

tres des deux Tropiques du petit Zodiaque de la figure 15. & ne contient autre chose que les points horaires de la figure 5. où ledit rouleau des heures ; il y a en iceluy vn beau champs, pour y grauer ou peindre tout ce qu'on voudra. Secondement on grauera soubs le fond de la mesme boitte exterieurement la figure des mois mentionnée cy dessus, telle que nous la descrirons en la pratique 4. de ce §. & les suiuants, &c.

Pratique premiere.

POVR DESCRIRE SVR le fond de la Boitte du Magnetique Elliptique les points horaires d'iceluy : comme en la fig. 5.

§.

POVR commencer la Boitte du Magnetique Elliptique proposée si on la veut de metal, soit prise vne plaque de cuiure ou d'Argent, pour le fond de la boitte vn peu forte, bien vnie & polie de part & d'autre, & de figure Ouale, sur laquelle soit pratiqué ce qui

Elliptique ou Ouale nouueau.

s'enfuit; sçauoir:

Soit pris le point du milieu d'icelle plaque (que je suppose estre le point E) par lequel, & par le milieu de sa plus grande longueur, soit menée la ligne Meridienne A C d'vn bout à l'autre de ladite plaque, & par le mesme point E soit menée la ligne BD perpendiculaire à A C, puis du mesme point E soit descrit occultement le Cercle A B C D, duquel le Diametre soit egale à la longueur de l'Aiguille d'Aimant, de laquelle on veut se seruir en ce Magnetique; de plus soit le quart de Cercle C B diuisé en 90. degrez commenceant depuis le point C; puis estants comptez sur ledit quart de Cercle les degrez de l'eleuation de l'Equateur, (que je suppose estre de 41. degrez 20. minutes en ce pays de Lorraine) soit par le terme de ces degrez (que je suppose estre le point Q) menée la ligne Q O Parallele à B D, coupant la ligne A C au point O, par lequel du centre E soit descript le Cercle O Z V. Cela fait, soit diuisé le Cercle A B C D en 24. egalement pour les heures, ou en 48. pour les demi-heures, commenceant des le point C; & du centre E par les diuisions de ce Cercle soient menées des lignes droites, ou rayons occultes, qui diuiseront aussi le petit Cercle O Z V. egalement en 24. heures ou 48. demi-

H ij

heures, de mesme que le Cercle A B C D; puis par les diuision du petit Cercle O Z V soient menées des lignes Paralleles à la ligne B D (qui seront celles que nous auons appellé en la premiere partie, les lignes des heures du soir & du matin,) Item soient par les diuisions du grand Cercle A B C D menées d'autres lignes Paralleles à la ligne A C (qui seront celles, que nous auons appellé en la premiere partie, les lignes des heures du jour & de la nuict,) Ces dernieres lignes des heures du jour & de la nuict entrecouperont les precedentes lignes des heures du soir & du matin, vne chacune, celle qui appartient à mesme heure, & diuision semblable de l'vn & l'autre Cercle, en des points, qui seront les points horaires du Magnetique Elliptique requis, conformement à ce qui est dit en la 1. partie §. 2. n. 8.

6. Remarquez que toutes ces lignes & Cercles prescripts en cette pratique, qui sont ceux de la figure 5. doiuent estre descripts occultement sur le fond de la boitte ou plaque donnée, & n'y a rien à grauer ou marquer sur ladite plaque, sinon les seuls points horaires, qui sont les intersections mutuelles des lignes des heures susdites Paralleles à A C & B D appartenantes à mesme heure. C'est pourquoy il ne sera pas necessaire de descrire cette fig. 5.

Elliptique ou Ouale nouueau. 117

immediatement sur la plaque donnée, ains on poura faire premierement vn modele ou dessein sur vn papier pour touuer les points horaires susdits exactement, puis on marquera lesdits points horaires sur la plaque, ainsi que nous dirons cy apres au n. 15. suiuant.

Et notez que par ces points horaires vous cognoistrez d'abord, si la figure prescripte cy dessus a esté faite exactement: car (s'il n'y a point d'erreur,) les points horaires se trouueront tous en vne Ellipse reguliere & parfaictement vni-forme, sans qu'aucun d'iceux desborde deçà ny delà ; de sorte que par toûs ces points on pouroit descrire (par l'instrument que nous auons donné à ce subject au n. 10. du §. 2. de la 1. partie) vne Ellipse parfaite, comme est l'Ellipse BODV pour representer indifferemment tous les Parallels de l'Equateur, & nommement le Parallel, que le Soleil parcourt actuellement. Mais d'autant, qu'en ce Magnetique particuliere, il n'est necessaire de descrire cette Ellipse, il sera plus a propos de descrire joignant lesdits points horaires plusieurs lignes Ouales Paralleles composées de plusieurs portions de Cercles (dont nous donnerons la description en la pratique suiuante) telles, que nous auons fait en la figure 18. & 19. lesquelles facent le rouleau des heures men-

H iij

tionné cy dessus, contenant les heures diurnes du plus grand jour de l'Année; lequel rouleau on poura faire, ainsi que s'ensuit, sçauoir : on poura en premier lieu descrire occultement (par la pratique suiuant) vne ligne Ouale composée de plusieurs portions de Cercles, qui passe par les extremitez des Diametres B D & O V de l'Ellipse B O D V; ou du moins trouuer les centres desdites portions de Cercles de ladite ligne Ouale oculte, sans la descrire : puis on descrira aparemment, on grauera vne ligne Ouale Parallele à la ligne Ouale occulte susdite, vn peu plus grande qu'icelle, & vne troisiesme vn peu plus petite; en l'espace d'entre lesquelles soient contenus les points horaires de la pratique precedente; & enfin vne quatriesme encor plus petite; & en l'espace d'entre la troisiesme & la quatriesme on descrira les nombres des heures, sçauoir ceux des heures de deuant midy du costé de B, & ceux des heures d'apres midy du costé de C. Mais cette pratique presuppose la cognoissance de la description suiuante.

Pratique seconde.

POVR DESCRIRE VNE ligne Ouale de plusieurs portions de Cercles autour des grands & petit Diametres d'vne Ellipse donnée, telle qu'elle approche de pres d'icelle Ellipse; & pour descre d'autres lignes Paralleles à icelle: comme en la fig. 17.

7.

LE Lecteur remarquera, s'il luy plaift, que je fais diftinction entre vne ligne Ouale cōpofée de portions de Cercles, & vne Ellipfe, quoy que defcriptes l'vne & l'autre autour de mefmes Diametres. Car il eft euident que nulle portion de Cercle n'eft Ellipfe; à raifon que tout Cercle eft d'vn centre immobile: & toute Ellipfe d'vn centre mobile & variable, comme il appert affez par ce que nous auons dit des Ellipfes en la 1. partie §. 2. n. 11. & 12.

D'où il appert qu'il n'y a aucune conuenance de la ligne Ouale à l'Ellipse proposée, sinon en quelques points d'icelle comme nous verrons cy apres. Nonobstant par ce que la difference de l'Ellipse à ligne Ouale (telle que nous la descrirons ci apres) n'est pas si apparente, qu'il en puisse arriuer vne erreur ou difformité notable en ce Magnetique, il ne sera hors de propos de donner icy la description de ces lignes Ouales, qui seruiront non seulement pour le rouleau des heures prescript cy dessus, mais aussi pour la circonference de la figure des mois, qu'il faut descrire soubs le fond de la boitte, sans qu'il y puisse arriuer erreur sensible notamment, si on la descript de plus de quatre portions de Cercles se rencontrantes l'vne l'autre justement & precisement aux points de leurs contingences. Car jamais ce rouleau des heures ny cette figure des mois ne poura estre autrement descripts si nettement ny par des traits hardys, ny par l'instrument à 3. pointes (qui jamais ne sera si juste, qu'il ne varie : à cause du changement continuel des centres d'iceluy) l'experience faisant veoir, qu'il n'y a jamais figures plus nettes, ny plus vniformes, que celles qui se descriuent auec le compas commun.

Il n'y a personne tant soit peu sçauante en Geometrie, qui ne sçache descrire des figures

Elliptique ou Ouale nouueau. 121

Ouales de quatre portions de Cercles; notamment quand la longueur & largeur d'icelles, je veux dire quand le grand & petit Diametres d'icelles ne sont pas determinez. Car il n'y a autre chose à faire, qu'à descrire vn quarré, ou vn Rhombe, quel on voudra tel qu'est le Rhombe PHQI de la figure 17. & prolonger les costez d'iceluy; puis de l'Angle P comme centre descrire vn Arc de Cercle vers Q quel on voudra entre les costez PH & PI prolongez; & de l'Angle Q descrire vn autre Arc vers P de mesme ouuerture, que le precedent, entre les costez QH & QI prolongez d'autre part: item de l'Angle H comme centre descrire vn troisiesme Arc entre les costez PH & QH prolongez rencontrant de part & d'autre les deux Arcs precedents esdits costez PH & QH, & enfin de l'Angle I descrire vn quatriesme Arc entre les costez PI & QI prolongez, rencontrant les deux premiers Arcs de part & d'autre esdits costez PI & QI. Car la ligne composée de ces 4. Arc ou portions de Cercles sera vne ligne Ouale ressemblante à vne Ellipse.

Mais la question est descrire vne ligne Ouale autour des grand & petit Diametres d'vne Ellipse donnée, par exemple, autour des Diametres BD & OV de l'Ellipse BODV, en sorte qu'elle passe par les extremitez desdits Diametres, & de plus, approche de ladite Ellipse le plus pres que faire se peut ; pourquoy faire, il faut obseruer la pratique suiuante, sçauoir.

8. Estant proposé de descrire vne ligne Ouale de 4. Arcs ou portions de Cercles autour des Diametres BD & OV de l'Ellipse BODV de la figure 5. ou 17. si ladite Ellipse n'estoit pas encor diuisée en ses points horaires, il la faudroit premierement diuiser par la pratique precedente : ou bien il faudroit du moins trouuer les points des 4. heures du matin & du soir, & les points des 8. heures du matin & du soir, comme s'ensuit : sçauoir ; il faudroit autour du petit Diametre OV descrire le Cercle OZV, & autour du grand Diametre BD descrire le Cercle ABCD, puis diuiser ces deux cercles en 6. egalement, commençant par les points, où lesdits Cercles sont coupez par le petit Diametre OV prolongé : puis mener des lignes Paralleles au grand Diametre BD par les diuisions du Cercle OZV, & des autres lignes Paralleles au petit Diametre OV par les diuisions du Cercle ABCD. Car ces lignes s'entrecouperoient en 4. points, qui seroient les points des 4. & 8. heures du matin & du soir de l'Ellipse BODV, lesquels sont les points des contingences des 4. portions de Cercles, qu'il faut faire, pour la ligne

Elliptique ou Ouale nouueau. 123

Ouale proposée, c'est a dire les points où se doiuent rencontrer, toucher & terminer lesdites portions de Cercles.

Mais l'Ellipse donnée estant diuisée en ses points horaires, soit du point V extreme du petit Diametre OV descript vn Arc de Cercle de quelle ouuerture on voudra, comme est l'Arc MN de la figure 17. du costé de D entre V & D, puis du point des 8. heures du soir (que je suppose estre le point R) soit de mesme ouuerture descript vn autre Arc entrecoupant le premier ez points M & N, par lesquels points soit menée la ligne droicte MN, icelle ligne prolongée coupera le Diametre VO aussi prolongé s'il en est de besoing, en quelque point comme P, qui sera le centre d'vne des grandes portions de Cercles de la figure proposée, sçauoir de la portion de Cercle qui doit passer par le point V. Soit de plus la ligne ou interualle EP transportée d'autre part du centre E sur la ligne EV prolongée, icelle se trouuera au point Q, qui sera le centre de l'autre grande portion de Cercle, qui doit passer par le point O, soient de plus du centre P menées des lignes droictes par les points des 4. heures du matin & des 8. heures du soir, item du centre Q d'autres lignes droictes par les points des 4. heures du soir

& des 8. heures du matin ; ces lignes s'entrecouperont sur le grand Diametre BD ez points H & I egalement distants du centre E, & formeront le Rhombe PHQI requis pour la description de la figure Ouale proposée. Ensorte que l'Angle H dudit Rhombe, sera le centre d'vne des petites portions de Cercles, sçauoir de celle qui doit passer par le point D du grand Diametre BD & l'Angle I du mesme Rhombe sera le centre de l'autre petite portion de Cercle opposée, qui doit passer par le point B dudit grand Diametre BD, si donc de l'Angle P de l'interualle PV est descripte vne portion de Cercle par le point V du petit Diametre OV entre les lignes PH, PI, prolongées, sçauoir depuis le point des 4 heures du matin jusques au point des 8 heures du soir : Item de l'Angle Q de la mesme ouuerture du compas est descripte vne autre portion de Cercle entre les lignes QH, QI prolongées, sçauoir depuis le point des 4. heures du soir jusques au point des 8. heures du matin. Item de l'Angle H de l'interualle HD est descripte vne troisiesme portion de Cercle entre les lignes PH & QH prolongées, sçauoir depuis le point des 4. heures du soir jusques au point des 8. heures du soir, & enfin de l'Angle I de mesme ouuerture du compas est des-

Elliptique ou Ouale nouueau. 125

cripte vne quatriefme portion de Cercle entre les lignes PI, QI, prolongées, fçauoir depuis le point des 4. heures du matin jufques au point des 8. heures du matin ; ces 4. portions de Cercles compoferont la figure Ouale requife approchante de l'Ellipfe BODV. Car elle paffe par 8. points de ladite Ellipfe diftants l'vn de l'autre d'vne diftance bien proportionnée, &c. Cette pratique eft mechanique, mais pour cela n'eft pas a rejetter de ce Magnetique Elliptique, où il n'eft pas neceffaire de defcriré des Ellipfes fi parfaites.

9. Et pour defcrire d'autres lignes Ouales Paralleles à la precedente, ainfi qu'il eft requis de faire pour le rouleau des heures mentionné cy deffus, il n'y a autre chofe à faire, finon de defcrire des mefmes Angles du Rhombe PHQI fufdit comme centres, des Arcs ou portions de Cercles plus grandes ou plus petites que les precedentes, entre les lignes PH, PI, QH, QI comme auparauant, fe touchantes & rencontrantes l'vne l'autre efdites lignes PH, PI, QH, QI, prolongées : car les points de contingence des portions de Cercles des lignes Ouales Paralleles à la precedente fe trouueront efdites lignes : comme on peut voir en la figure 18. & 19.

10. Remarquez touchant ces lignes Oua-

que d'autant plus de portions de Cercles sera cõposée la ligne Ouale, tant plus elle approchera de la vraye Ellipse. C'est pourquoy, quand l'Ellipse donnée sera fort oblongue, on pourra autour des grands & petits Diametres d'icelle descrire vne ligne Ouale de 8. portions de Cercles, pour le representer, desquelles les 2. plus grandes passent par les points des 9. 10. 11. 12. 1. 2. 3. heures du jour & de la nuict: & des 4. moyennes portions de Cercles les vnes passent par les points des 3. 4. & 4. & demi heures du soir & du matin, & les 2. autres par les 9. 8 & 7. & demi heures du soir & du matin : & les 2. petites portions de Cercles par les points des 4. heures & demi 5. 6. 7. & 7. & demi du soir & du matin : ce qui n'est pas si difficile qu'il semble. D'autant qu'estant trouué le centre P de la plus grande portion de Cercle, passant par le point V du petit Diametre O V de l'Ellipse donnée, par le moyen des Arcs croisez & entrecoupez ez points M & N. descripts dudit point V, & du point des 9. heures du soir comme centres, semblables à ceux que nous auons prescripts en la figure 17. si du point desdites 9. heures du soir est menée vne ligne droicte par ledit centre P; item est mené du centre E le rayon distant du demi-diametre E B de la quatriesme partie du quart de Cercle, c'est a dire distant diceluy de 22. degrez & demi; l'intersection de cette ligne, & de ce rayon, sera le centre de la moyenne portion de Cercle passante par les points des 3. 4. & 4. heures & demi. Item si du point des 4. heures & demi est menée vne ligne droicte par le centre de ladite moyenne portion de Cercle, icelle coupera le demi-diametre EB en vn point, qui sera le centre de la plus petite portion de Cercle, c'est ainsi des autres. De sorte que toute l'importance est de trouuer exactement le centre P de la grande & premiere portion de Cercle. Car moyennant ledit centre seront facilement & exactement trouuez, les autres centres par les lignes & le rayon susdits.

11. Pareillement, on peut faire vne ligne Ouale de 12. portions de Cercles: si on fait, que les deux plus grandes passent par les points des 10. 11. 12. 1. 2. heures du jour & de la nuict: & des 4. premieres moyennes les vnes passent par les points des 2. 3. 4. heures du soir & du matin, & les deux autres par les points des 10. 9. & 8. heures du matin & du soir; & des 4. autres moyennes suiuantes les vnes passent par les points des 4. heures, & 4. & demi, & 5. heures du matin & du soir, & les deux autres par les points des 8. heures, 7. heures & demi, & 7. heures du matin & du soir: & les

deux plus petites par les points des 5. 6. & 7. heures du soir & du matin & ainsi des autres: ce qui n'est pas beaucoup difficile. Car estant trouué le centre P de la plus grande portion de Cercle passante par le point V du petit Diametre OV, si du point des deux heures du matin est menée vne ligne droicte par le centre P : item du centre E est mené le rayon distant du demi-diametre EB de la 5. 6. partie du quart de Cercle, c'est a dire distant de 75. degrez, l'intersection mutuelle de cette ligne & de ce rayon sera le centre de la premiere moyenne portion de Cercle, suiuante la grande, qui doit passer par les points des 2. 3. & 4. heures. Item si du point des 4. heures est menée vne ligne droicte par le centre de ladite premiere moyenne, & du centre E est menée le rayon distant du demi-diametre EB de la 1. 6. pertie du quart de Cercle, c'est a dire de 15. degrez, l'intersection de ce rayon sera le cende la seconde moyenne portion de Cercle, suiuante ladite premiere moyenne, qui doit passer par les points des 4. & 5. heures ; & enfin estant menée du point des 5 heures vne ligne droicte par le centre de ladite seconde moyenne portion de Cercle, icelle coupera le demi-diametre EB en vn point, qui sera le centre dela plus petite portion de Cercle:

c'est ainsi

c'est ainsi des autres.

AVTRE DESCRIPTION de la ligne Ouale susdite composée de 4. portions de Cercles autour des grand & petit Diametres d'vne Ellipse donnée.

12.

QVoy que la figure Ouale prescripte en la description precedente soit celle qui approche de plus pres de l'Ellipse & par consequent plus propre pour le rouleau des heures & pour la circonference de la figure Elliptique des mois mentionnez cy dessus, neantmoins par ce que je sçay que les Graueurs ne trouueront pas de bonne grace ladite circonference de la figure des mois si on la descrit par des lignes Ouales telles que nous les auons prescript cy dessus, qui sont vn peu plus pointües, que celles qu'ils font ordinairement, je donne icy (pour leur satisfation) la methode general de descrire autour des grand & petit Diametres d'vne Ellipse donnée vne ligne Oua-

I

le pointüe ou esmoussé telle qu'on voudra: comme s'ensuit.

Estant proposé de descrire vne ligne Ouale de 4. Arcs ou portions de Cercles autour des Diametres BD & OV de l'Ellipse BODV de la figure 17. s'entrecoupants au centre E, soit sur le grand Diametre BD de l'extremité D prise la ligne DH telle qu'on voudra, pourueu qu'elle soit moindre que le petit demi diametre VE : (car tant plus grande on la prendra tant plus l'Oual sera esmoussé,) & soit aussi prise BI d'autre-part sur le mesme Diametre depuis l'autre extremité B; les points H & I seront les centres des deux petites portions de Cercles de la figure Ouale, qui doiuent passer par D & B. Cela fait soit l'ouuerture du compas, DH, ou BI transportée sur le petit Diametre OV, du point V jusques à quelque point vers E, & d'iceluy point, comme centre, soit descript vn Arc de Cercle, de quelle ouuerture on voudra, commé est l'Arc MN de la figure 17. du costé de D entre V & D; puis du point H comme centre soit de mesme ouuerture descript vn autre Arc entrecoupant le premier ez points M & N, par lesquels points soit menée la ligne droicte MN; icelle ligne droicte prolongée coupera le petit Diametre OV (aussi prolongé s'il en est de besoing) en quelque point comme P, qui fera le centre d'vne des grandes portions de Cercles sçauoir de celle qui doit passer par le point V. Soit de plus la ligne EP transportée sur la ligne EV prolongée d'autre-part du centre E, icelle se terminera en Q, qui sera le centre de l'autre grande portion de Cercle qui doit passer par le point O. Soient de plus du centre P menées des lignes droites par les poincts H & I: Item du point Q soient menées d'autres lignes par les mesmes points H & I; ces lignes formeront le Rhombe requis pour la description de l'Oual requis. Si donc de l'Angle P de l'interualle PV est descripte vne portion de Cercle par le point V du petit Diametre OV entre les lignes PH, PI prolongées; item de l'Angle Q de la mesme ouuerture du compas vne autre portion de Cercle entre les lignes QH, QI prolongées; item de l'Angle H de l'interualle HD vne troisiesme portion de Cercle entre les lignes PH & QH: & enfin de l'Angle I de mesme ouuerture vne quatriesme portion de Cercle entre les lignes PI, QI; icelles composeront la figure Ouale requise.

Maintenant pour descrire d'autres lignes Ouales Paralleles à la precedente, il n'y a autre chose a faire, sinon de descrire des mesmes Angles P, Q, H, I, du Rhombe PHQI, comme centres des Arcs ou portions de Cercles plus grandes ou plus petites entre les lignes PH, PI, PH, QI, comme auparauant se touchantes & rencontrantes l'vne l'autre au concours desdites lignes PH, PI, QH, QI, prolongées ; comme il est dit au n. 9. cy dessus.

Pratique trois.

POVR DESCRIRE LE petit Zodiaque interieur du Magnetique Elliptique : comme en la fig. 15. & 18.

13.

PVis qu'en cet Horologe Magnetique Elliptique, au lieu des 7. Ellipses, qui en l'Analemme Horizontal representent distinctement & separement les Parallels des commencements des Signes, & composent le Zodiaque dudit Analemme, il n'y a qu'vne seule Ellipse immobile, laquelle on fait seruir, pour representer tous les Parallels du Zodiaque, tant ceux qui passent par lesdits commencements des Signes, que ceux qui passent par

Magnetique ou Ouale nouueau.

les degrez defdits Signes fucceſſiuement en approchant ou eſloignant du centre E d'icelle Ellipſe la pointe ou piuot, ſur lequel eſt poſée l'Aiguile d'Aimant; s'enſuit que cet eſpace, que ladite pointe ou piuot mobile de l'Aiguille d'Aimant parcourt en cet approche ou eſloignement du centre E de ladite Ellipſe, ſera comme vn autre petit Zodiaque, en l'eſpace duquel ſe trouueront tous les centres des Horizons excentriques des Analemmes particuliers des Parallels des Signes, dont nous auons parlé en la premiere partie §. 2. n. 16.

Pour donc decrire ce petit Zodiaque de l'Aiguille d'Aimant, & trouuer les centres des Horizons excentriques qui le compoſent; ſoit repriſe la plaque de cuiure ou d'Argent qui doit eſtre le fond de la boitte de ce Magnetique, & ſur icelle ſoit comme nous auons fait en la figure 15. du point Q extreme du Diametre PQ de l'Equateur, menée la ligne QT Parallels à la ligne Meridienne AC, coupant BD au point T, duquel, comme centre, ſoient deſcripts les rayons des Signes de la figure 13. de part & d'autre de la ligne TE priſe pour l'Equateur ou rayon du Belier & de la Balance, ſçauoir les Septentrionaux du coſté de C, & les Meridionaux du coſté de A; ces rayons couperont ladite ligne AC de part &

d'autre du centre E, en des points, qui seront les centres des Horizons excentriques susdits, & qui seront aussi les centres des rayons des Azimuths, sur lesquels doit estre conduite la pointe ou piuot de l'Aiguille d'Aimant successiuement, sçauoir sur ceux, qui sont du costé de C, le Soleil estant ez Signes Septentrionaux, & au contraire sur ceux, qui sont du costé de A, le Soleil estant ez Signes Meridionaux, conformement à ce qui est dit au n. 8. du §. 3. de la 1. partie.

Notez donc qu'en ce petit Zodiaque nous y pouuons descrire non seulement les centres susdits, mais encor les centres des Horizons excentriques des Parallels des Estoiles, & des Parallels des longueurs des jours, obseruant ce qui est prescript ez §. 4. & 5. de ladite premiere partie. Mais comme nous auons proposé de faire vne figure des mois soubs le fond de la boitte dudit Magnetique exterieurement, pour suppleer audit petit Zodiaque interieur, nous ne descrirons rien de ce petit Zodiaque interieur, sinon les termes d'iceluy, c'est a dire les centres des Horizons excentriques des deux Tropiques de Cancer & de Capricorne, lesquels sont necessaires, pour donner la longueur d'iceluy.

14. Pour donc trouuer sur la plaque don-

née les centres defdits Tropiques de Cancer & de Capricorne, nous defcrirons comme nous auons fait en la figure 12. du point T vers E vn Arc de quelle ouuerture on voudra, fur lequel eftant prife de part & d'autre du point, où il eft coupé par la ligne BD, la declinaifon de 23. degrez 30. minutes (qui eft la declinaifon des Tropiques fufdits) nous menerons du point T les lignes T e, T e, par les termes de ladite declinaifon, qui couperont la ligne AC ez points e, e, qui feront les centres requis, & les termes du petit Zodiaque interieur ou cours de l'Aiguille d'Aimant fur le plan du Magnetique Ellitique requis.

15. Et voyla tout ce que nous auons à grauer ou marquer fur la plaque, qui doit eftre le fond de la boitte du Magnetique Elliptique, fur quoy remarquez que de toutes les lignes & Cercles, que nous auons prefcripts en la feconde partie jufques icy, il n'y a rien à grauer, finon les points horaires de la Pratique premiere; item les 4. centres P, H, Q, I, des portions de Cercle de la pratique deux dont les lignes Ouales Paralleles du rouleau des heures font compofées; item les deux centres e, e, des Horizons excentriques des deux Tropiques, qui font les termes du petit Zodiaque interieur de la Pratique trois. C'eft pour-

quoy, pour plus grande facilité, nous pourons descrire les figures des pratiques precedentes exactement sur vn dessein ou modele de papier ou de parchemin; puis estant ce modele attaché sur la plaque susdite auec vn peu de cire, nous pourons punctuer subtilement & justement auec vne pointe d'Acier premierement le centre E, & les points horaires de la Pratique 1. puis les 4. centres des portions de Cercles de la Pratique 2. & enfin les deux centres, qui sont les termes du petit Zodiaque, de la Pratique 3. Ce qu'estant faict, nous osterons ce modele d'apres la plaque susdite, puis nous descrirons la ligne du midy AC par le point E, & par le point des 12 heures; item la ligne des 6. heures BD par le mesme point E, & par les points des 6. heures du matin & du soir. De plus nous descrirons par les centres P, H, Q, I, le Rhombe PHQI occultement, prolongeant les lignes au costez dudit Rhombe au delà des 4. & 8. heures du matin & du soir, puis nous marquerons les lignes Ouales Paralleles, qui composent le rouleau des heures, & les nombres desdits heures, ainsi que nous auons fait en la figure 18. & 19. Enfin du centre e de l'Horizon excentrique du Tropique de Capricorne, qui est entre E & A, nous descrirons vn demi-cercle vers A de l'interualle

Elliptique ou Ouale nouueau. 137

du demi-diametre EB; & de l'autre centre e de l'Horizon excentrique du Tropique de Cancer, qui eſt entre E & C, nous deſcrirons vn autre demi-cercles vers C de meſme ouuerture du compas que le precedent, & ces deux demi-cercles donneront l'eſpace interieur du creu de la boitte, que l'Aiguille d'Aimant requiert pour ſon mouuement en ladite boite, lors qu'elle ſera ez centres du petit Zodiaque les plus eſloignez du centre E de ladite boitte, dans lequel eſpace, nous pourons grauer le pourtraiɔt d'vn Ange tenant le rouleau des heurs ſuſdit, ou quelle autre figure que nous voudrons, ſera acheuée la fig. qui doit eſtre grauée ſur le coſté de la plaque, qui doit eſtre au-dedans de la boitte, ſi ce n'eſt que nous voullions adjouſter vne ſeconde Ellipſe; comme il ſera dit cy apres au n. 29. §. 1. pour trouuer l'heure par les Eſtoilles Septentrionelles, lequelle doit eſtre encor grauée ſur ce meſme coſté, &c.

16. Remarquez 2. que ſi on veut faire la boitte de ce Magnetique d'yuoir ou de buis (auquel cas, c'eſt le mieux de la faire d'vne ſeule piece,) il faudra auant que commencer ladite boitte, premierement faire vn deſſein ou modele de papier ou parchemin pareil à celuy, que nous auons preſcript cy deſſus en

la remarque precedente, suiuant la largeur & longueur de la piece d'yuoir ou de buis, que l'on a preparée pour le corps de la boitte, affin d'auoir par le moyen de ce modele l'espace d'entre les demi-cercles susdits, qui est l'espace du creu de ladite boite, & ledit creu estant fait en ladite piece preparée, on retranchera du dessein ou modele tout ce qui est hors desdits demi-cercles, affin qu'il puisse entrer dans le creu de la boitte, & estre attaché au fond dudit creu auec vn peu de cire, apres quoy, on punctuera auec la pointe d'vne Aiguille le centre E dudit dessein; item les points horaires, & les 4. centres des portions de Cercles des figures Ouales Paralleles, qui composent le rouleau des heures; & enfin estant ce model destaché & osté, on grauera auec vn compas bien pointu, lesdites lignes Ouales Paralleles, descriuant des quatre centres susdits les Arcs, dont elles sont composées, & en suitte on acheuera de grauer sur ledit fond ce qui reste, sçauoir les nombres des heures, & la figure de l'Ange, portant le rouleau des heures, ou telle autre figure qu'on voudra.

Pratique quatre.

POVR DESCRIRE LA figure des mois du Magnetique Elliptique, qu'il faut grauer sur le fond de la boitte d'iceluy exterieurement: comme en la fig. 20.

17.

EN cette figure des mois proposée, gist toute l'importance de ce Magnetique Elliptique. Car c'est ce qui le rend d'vsage facile veu que s'il n'y auoit point d'autre Zodiaque en ces Horologe, que le petit Zodiaque interieur, qui contient les 7. centres des Horizons excentriques des Parallels passants par le commencements des Signes, il faudra mener à la main le Stil ou piuot mobile, sur lequel est posée l'Aiguille d'Aimant, sur celuy desdits centres, qui conuient au Parallel du degré du Signe, auquel est le Soleil ; de sorte que l'vsage de ce Magnetique seroit aussi difficile, que des autres Magnetiques; à raison qu'il faudroit auoir la cognoissance des Signes du Zodiaque, & faudroit en pratique diuiser à l'œil les espaces inegaux d'entre les centres de ce petit Zodiaque, & juger de la partie proportionnelle de ces espaces, qui peut conuenir audit Parallel du degré du Signe, auquel est le Soleil: comme ez autres Magnetique, & quoy qu'on pouroit bien, au lieu de ces centres, marquer les centres qui conuiennent aux Parallels des commencements des mois, neantmoins il y auroit tousiours cette difficulté, qu'il faudroit diuiser auec l'œil les espaces d'entre ces centres, & juger de la partie proportionnelles d'iceux, qui conuient au jour du mois courant. Ce qui seroit difficile, à cause que ces espaces seroient petits & inegaux. C'est pourquoy pour remedier à cette difficulté. Nous adjoustons à ce Magnetique cette figure des mois qui contiendra en sa circonference Elliptique, grande, & egale au fond exterieur de la boitte dudit Magnetique, les diuisions des 12. mois de l'Année, toutes distinctes l'vne de l'autre; au milieu de laquelle figure nous ajustons vne Touche Index, ou Alhidade tournante en Ellipse, suiuant la circonference Elliptique d'icelle figure auec vn tel artifice, que quand ladite Touche ou Alhidade sera conduitte ou menée sur le jour d'vn des mois d'icelle quel il

Elliptique ou Ouale nouueau. 141

soit, elle portera sur la pointe d'vne des clauettes, qui luy sont joinctes, le centre de l'Aiguille d'Aimant (par vne fente faite au fond de la boitte du Magnetique) justement à l'endroit du point du petit Zodiaque interieur, qui est le centre de l'Horizon excentrique, & le centre commun des rayons des Azimuths, qui conuient au Parallel du jour dudit mois, sur lequel est conduitte ladite Touche ou Alhidade. De sorte que moyennante cette figure des mois, & son Alhidade, il n'y aura autre chose a faire (pour conduire le centre de l'Aiguille d'Aimant au point du petit Zodiaque interieur, où il faut qu'il soit, pour trouuer l'heure justement par ce Magnetique) que de sçauoir le jour du mois & de conduire ladite Touche ou Alhidade sur le degré de cette figure, qui conuient au jour du mois courant; enquoy il n'y a aucune difficulté.

18. Sur quoy remarquez que ce Magnetique Elliptique est seul entre tous les Magnetiques, auquel puisse estre adjoustée vne telle inuention, pour en faciliter l'vsage. Car cette figure des mois qui sert ainsi que dit est a auancer le centre de l'Aiguille d'Aimant regulierement, & comme il est requis, suppose que les apparences & representations de tous les Parallels des Signes (telles que sont les El-

lipſes de l'Analemme Horizontal) ſoient toutes egales l'vne a l'autre, & ſemblablement diuiſées l'vne comme l'autre, enſorte que l'vne puiſſe ſeruir pour toutes les autres, le centre de l'Aiguille d'Aimant eſtant approché ou eſloigné d'icelle : ce qui ne ſe retrouue en aucun autre Magnetique. Car jaçoit qu'au Magnetique ordinaire (je veux dire en ce Planiſphere Horizontal, qui eſt deſcript de telle projection, comme ſi l'œil eſtoit en la circonference de la Sphere, ſçauoir au point du Nadix, regardant l'Hemiſphere ſuperieur,) les apparences & repreſentations des Parallels des Signes du Zodiaque ſoient des Cercles parfaits, & qu'il eſt poſſible de faire, que tous les Cercles qui repreſentent les Parallels des Signes du Zodiaque ſoient egaux l'vn a l'autre, affin qu'vn d'iceux ſerue pour tous les autres, ainſi que nous auons fait des Ellipſes du Planiſphere Analemme Horizontal, qui repreſentent les meſmes Parallels : neantmoins ces Cercles egaux ne ſeroient jamais ſemblables en la diuiſions des leurs points horaires. Car les points horaires des Cercles, qui repreſentent les Parallels des Signes Meridionaux ſeroient beaucoup plus preſſez, & plus proches l'vn de l'autre, que les points horaires des Cercles, qui repreſentent les Parallels des Signes Septentrionaux; & par conſequent les points horaires d'vn de ces Cercles, ne pouroient pas repreſenter les points horaires d'vn autre Cercle.

19. Pour donc deſcrire cette fig. des mois propoſée, ſur la plaque donnée, qui doit eſtre le fond de la boitte du Magnetique Elliptique, ſçauoir ſur la face d'icelle plaque qui doit eſtre exterieure à la boitte : ſoit fait ce qui ſuit. Sçauoir : ſoit deſcripte la ligne BD ſur ladite face exterieure, enſorte qu'elle reſponde parfaictement à la ligne des 6. heures, qui eſt deſia marquée d'autre-part ſur la face interieure d'icelle, & ſoit menée la ligne NL Orthogonelle à ladite ligne BD, enſorte auſſi qu'elle reſponde parfaictement à la ligne Meridienne AC, qui eſt deſia marquée d'autre-part ſur la meſme face interieure, ces lignes BD & NL s'entrecouperont au centre E de la plaque : Or ſoit dẽ centre deſcript occultement le Cercle ABCD egal au Cercle ABCD de la figure 5. qui a eſté deſcripte d'autre-part ſur ladite face interieure; ce Cercle coupera la ligne NL ez points A & C, & la ligne BD ez points B & D, & donnera le petit diametre BD de la circonference Elliptique de la figure des mois, enſorte que ce Cercle ABCD ſera le Cercle du petit diametre de ladite circonference, de plus eſtant priſe auec le compas l'inter-

ualle de la moitié du petit Zodiaque interieur, qui eſt la ligne E e de la figure 12. ſoit icelle tranſportée depuis les interſections A & C de la ligne NL, hors du Cercle ABCD, ſur ladite ligne NL, qui ſe terminera, (comme je ſuppoſe) ez points N & L ; la ligne NL compriſe entre ces deux points ſera le grand Diametre de la circonference Elliptique de la figure des mois, enſort qu'eſtant autour deſdits Diametres deſcripte vne Ellipſe, ou bien vne ligne Ouale compoſée de 4. portions de Cercle au lieu d'icelle Ellipſe, obſeruant ce qui eſt dit cy deſſus au n. 12. ou n. 9. de ce §. Sera faite la figure NBLD requiſe, qui ſera auſſi la circonference de la figure des mois & la circonference de la boitte du Magnetique. Ioignant laquelle ligne Ouale ou circonference, il faudra deſcrire pluſieurs lignes Ouales Paralleles, ſçauoir, vne pour contenir entre icelle & la circonference ſuſdite, les diuiſions des degrez ou jours de l'Année diſtinguez de blanc & de noir alternatiuement, que nous debuons faire en la pratique ſuiuant ; & vne troiſieſme, pour contenir entre icelle & la precedente les noms des mois, & les petites lignes que nous debuons deſcrire, pour diſtinguer leſdits mois, les vns des autres, &c.

Notez que ſi on deſire de grauer en la circonference

conference de cette figure, les diuiſions des Signes, il faudra faire encor trois autres lignes Ouales Paralleles plus petites que les precedentes, pour contenir les degrez & les caracteres d'iceux, &c.

Pratique cinq.

POVR DIVISER LA figure des mois premierement ez 12. Signes du Zodiaque puis ez 12 mois de l'Annéé : comme en la fig. 20. & 21.

20.

POvr diuiſer la figure Elliptique propoſée ez 12. mois de l'Année, il la faut conſiderer comme vn grand Zodiaque & la diuiſer premierement ez 12. Signes. Or notez qu'elle eſt deſia diuiſée en 4. egalement par les Diametres Orthogonels NL & BD, ez points N, B, L, D, deſquels N eſt le cōmencement du Signe du Capricorne, & le ſolſtice d'Hyuer, & le point B eſt le cōmencement du Signe du Belier, & l'Equinoxe du printemps; item le point L eſt le commencement du Signe de la Cancer, & le ſolſtice d'Eſté & le point D eſt le commencement du Signe de la Balance, & l'Equinoxe d'Automne. Maintenant pour trouuer les commencements des autres Signes & les degrez d'iceux sur la mesme circonference N B L D, soit autour du grand Diametre N L de la fig. 20. (qui represente ladite fig. ou grand Zodiaque) descript vn Cercle, sur lequel soit depuis le point N pris de part & d'autre d'iceluy deux fois de suitte l'Arc de la plus grande declinaison du Soleil, qui est de 23. degrez 30. minutes, c'est a dire l'Arc de 47. degrez, puis par le terme dudit Arc (que je suppose estre le point I) soit menée la ligne N I, & soit icelle produite jusques à ce qu'elle vienne a rencontrer la ligne B D prolongée en quelque point comme T, icelle ligne N I T donnera l'Angle B T N de 23. degrez 30. minutes, c'est a dire sera le rayon du Tropique de Capricorne. Car l'Angle L N T (qui est en la circonference du Cercle du grand Diametre NBLD, appuyé sur l'Arc L B I, qui est de 133. degrez, c'est a dire complement semicirculaire de l'Arc N I, qui contient 47. degrez) est de 66. degrez 30. minutes, c'est a dire la moitié de l'Arc L B I de 133 degrez, sur lequel il est appuyé; comme il appert par la 26. du 3. des elem. geom. d'Euclides; & partant l'Angle B T N, qui est complement de l'Angle L N T est de 23. de-

Elliptique ou Ouale nouueau. 147

grez 30. minutes. Puis donc que la ligne TN est le rayon du Tropique de Capricorne au respect du rayon TB pris pour le rayon de l'Equateur ou Parallel du Belier & de la Balance, (au respect duquel il est distant & declinant de 23. degrez 30. minutes) pour trouuer maintenant les diuisions des autres Signes, soient du mesme point T, comme centre, descripts les autres rayons des Signes de la figure 13. de part & d'autre de la ligne TE prise pour le rayon du Belier & de la Balance, sçauoir des Signes Septentrionaux du costé de L, & des meridionaux du costé de N. iceux couperont le grand Diametre NL de la figure Elliptique des mois du grand Zodiaque exterieur proportionellement, comme le Diametre e e du petit Zodiaque interieur a esté diuisé par les rayons des Signes descripts du centre T de la figure 15. soient donc de plus par lesdits points, où le Diametre NL est coupé par les rayons des Signes, menées des lignes occultes Paralleles à BD ; icelles couperont tant le Cercle du grand Diametre NL, que la circonference Ouale dudit grand Zodiaque exterieur en des points, qui seront les diuisions des commencements des autres Signes requis. C'est la mesme chose, pour trouuer les degrez des Signes. Car il n'y aura qu'à mener du centre T, les rayons

K ij

des degrez des Signes de la figure 13. & par les points, où ils couperont le Diametre N L mener des lignes Paralleles à B D, &c.

21. Maintenant fuppofé la diuifion de cette figure ou grand Zodiaque ez 12. Signes : la diuifion d'icelle ez 12. mois de l'Année ne fera difficile à celuy, qui fçait a quel jour du mois fe fait l'entrée du Soleil efdits Signes.

Car fçachant que le Soleil entre en Belier le 21. de Mars, en Taureau le 21. Apvril, en Gemeaux le 22. May, en Cancer le 22. Iuin, en Lion le 23. Iuillet, en Vierge le 23. Aouft, en Balance le 23. Septembre, en Scorpion le 24. Octobre, en Sagitaire le 23. Nouembre, en Capricorne le 22. Decembre, en Verfeau le 21. Ianvier, en Poiffons le 19. Febvrier; il fçaura par confequant que le mois de Ianvier commence au 9. degré de Capricorne, Febvrier au 10. du Verfeau, Mars au 9. du Poiffon, Apvril au 9. du Belier, May au 8. du Taureau, Iuin au 8. du Gemeau, Iuillet au 7. de Cancer, Aouft au 7. du Lion, Septembre au 7. de la Vierge, Octobre au 6. de la Balance, Novembre au 7. du Scorpion, & Decembre au 8. de Sagitaire: enforte qu'il n'aura qu'à marquer les commencements des mois à l'endroit des degrez des Signes denommez cy deffus. Et pour les jours des mois, il fuffira de diuifer chaque mois en

Elliptique ou Ouale nouueau. 149

autant de parties qu'il contient de jours, & ces parties seruiront pour les diuisions des jours, sans erreur sensible. Mais notez que d'autant que ce Magnetique Elliptique est ordinairement petit, il suffira de diuiser chaque mois seulement en 10. parties ou degrez, chacun desquels vaudra trois jours ou enuiron, comme nous auons fait en la figure 21, qui represente cette figure des mois acheuée; laquelle diuision en 10. est plus commode qu'aucune autre, comme nous verrons cy apres ez vsages de ce Magnetique Elliptique.

22. Notez que la diuision des mois de cette figure estant faite, il est necessaire de distinguer lesdits mois les vns des autres, par des petites lignes trauersantes les lignes Ouales Paralleles susd. qui passent par les cōmencements d'iceux. Pour donc mener ces petites lignes comme il faut: soient premierement menez du centre E des rayons occultes par les commencements des Signes & des mois du Cercle N B L D du grand Diametre N L, comme nous auons fait en la figure 20. puis soient menées par les commencements desdits Signes ou mois de la circonference Ouale du grand Zodiaque, des petites lignes trauersantes les lignes Ouales susdites, Paralleles ausdits rayons du Cercle N B L D appartenants à mes-

K iij

me Signe ou mois, vne chacunes au fien, &
feront faites les lignes requifes.

Pratique fix.

POVR DESCRIRE LES longueurs des jours en la figure des mois : comme en la figure 21.

23.

POVR defcrire les longueurs des jours en
en la circonference de la figure des mois
ou du grand Zodiaque exterieur du Magnetique, foit reprife la mefme plaque qu'auparau-
uant, & du mefme centre T, duquel ont efté
defcripts les rayons des Signes de la figure 13.
pour diuifer la circonference dudit grand Zodiaque ez 12. Signes de l'Eccliptique, foient
defcripts les rayons des longueurs des iours de
la figure 16. qui font contenus en l'efpace du
Zodiaque, fçauoir les rayons de 8. 9. 10. 11.
12. 13. 14. 15. 16. heures, les Septentrionaux,
qui font ceux de 8. 9. 10. 11. heures du cofté de L, & les meridionaux qui font ceux de
13. 14. 15. & 16. heures du cofté de N; ces
rayons couperont le Diametre N L du grand

Zodiaque en des points, par lesquels estants menées des Signes occultes Paralleles a la ligne TE, icelles couperont le Cercle du grand Diametre NL, & aussi la circonference Ouale dudit grand Zodiaque en des points, où deuront estre marquées les nombre des heures contenuës ez longueurs des jours denotez par lesdits rayons, (si toutesfois on n'ayme mieux y marquer les nombres des heures du coucher du Soleil.)

24. Notez qu'en ce pays de Lorraine ou l'Eleuation de l'Equateur est de 41. degrez 20. minutes, le jour qui a 8. heures de longueur est le 22. Decembre; les jours qui ont 9. heures sont les 28. Ianvier, & le 16. Novembre. Ceux qui ont 10. heures sont le 16. Febvrier, & le 28. Octobre. Ceux qui ont 11. heures sont le 9. Mars & le 10. Octobre. Ceux de 12. heures sont le 21. Mars, & le 24. Septembre. Ceux qui ont 13. heures sont le 7. Apvril, & le 7. Septembre. Ceux qui ont 14. heures sont le 24. Apvril, & le 21. Aoust. Ceux de 15. heures sont le 13. May, & le 1. Aoust. Celuy de 16. heures est le 22. Iuin. Ce qu'estant cogneuë, il ne sera necessaire de descrire les rayons prescripts cy dessus. Car la circonference Ouale de certe figure, ou grand Zodiaque estant diuisée ez 12. mois de l'Année, & les mois subdiuisez

en 10. degrez, ou en 30. jours, par la pratique precedente, il n'y aura autre chose a faire, sinon de marquer les nombres des heures des longueurs des jours à l'endroit des degrez, qui conuiennent au jours denommez cy dessus.

25. Notez par consequent qu'en ce Pays le jour auquel le Soleil se couche au 4. heures du soir est le 22. Decembre; ceux ausquels il se couche au 4. heures & demi sont le 28. Ianvier, & le 16. Novembre; ceux ausquels il se couche aux 5. heures sont le 16. Febvrier, & le 28. Octobre, &c. Comme on collige de ce qui est dit au n. precedent. Ce qu'estant cogneu, apres que la circonference Ouale du grand Zodiaque sera diuisée ez mois & jours de l'Année, on poura aux lieux des nombres des heures des longueurs des jours marquer les nōbres des heures du coucher du Soleil à l'endroit des jours denommez cy dessus, sans descrire les rayons des longueurs des jours de la fig 16.

Pratique sept.

POVR DESCRIRE LES LIEVX DES Estoilles en la circonference de la figure des mois ou grand Zodiaque exterieur: cōme en la fig. 21.

26. Nous auons fait mention en la 1. partie §. 4. de trois sortes d'Estoil-

Elliptique ou Ouale nouueau.

les, dont on peut se seruir, pour trouuer l'heure de nuict par ce Magnetique Elliptique, sçauoir premierement de celles qui sont joignant l'Eccliptique : comme est la moins Septentrionelle des pleyades ou Poussiniere, qui a declinaison Septentrionelle de 22. degrez 56. minutes, & qui a conjonction auec le Soleil au 24. degrez du Taureau, le 15. jour de May. Item le cœur du Lion, qui a declinaison sept de 13. degrez 46. minutes, & conjonction auec le Soleil au 23. degré du Lion, le 16. Aoust. Item l'Espic de la Vierge, qui a decl. Meridionelle de 9. degrez 10. minutes, & conjonction au 17 de la Balance, le 10. Octobre. Item la plus lumineuse de la Balance Meridionelle, qui a decl. Meridionelle de 6. degrez 48 minutes, & conjonction au 10. degré du Scorpion, le 3. Nouembre. Item le cœur du Scorpion, qui a decl. Merid. de 15. degrez 31. minutes, & conjonction auec le Soleil, au 2. degré du Sagitaire, le 25. Nouembre. Item la queüe du Capricorne, qui a decl. Merid. de 18. degrez 13. minutes, & conjonction au 16. degré du Verseau, le 6. Febvrier.

Secondement de celles, qui sont esloignées de l'Eccliptique, mais qui ont declinaison moindre, que de 23. degrez 30 minutes; comme est l'œil du Taureau esloignée de 6. degrez de l'Eccliptique, dont la declinaison est Septent. de 15. degrez 42. minutes. Item la queüe du Lion esloignée de 12. degrez de l'Eccliptique, dont la declinaison est septent. de 16. degrez 39. minutes, &c.

Tiercement de celles, dont la declinaison est plus grande que de 23. degrez 30. minutes, comme est la queüe de la grande Ourse, dont la declinaison est Septent. de 51. degrez. Item la queüe du Cygne, dont la decl. est Septent. de 44. degrez. Item le Bouc, dont la decl. est Septent. de 45. degrez & demi, &c.

De toutes lesquelles Estoilles celles de la 1. & 2. sortes, qui ont moindre declinaison que de 23. degrez 30. minutes ont lieux dans le Zodiaque, ensorte que les Parallels d'icelles conuiennent auec les Parallels des degrez des Signes, qui ont mesme declinaison. Mais celles qui ont declinaison plus grande, comme sont celles de la 3. sorte n'ont point de lieu dans le Zodiaque, leurs Parallels estants hors d'iceluy esloignez des Parallels des Signes vers le Septentrion ou le midy.

27. Pour ce qui est donc des Estoilles de la 1. sorte, qui sont joignant l'Eccliptique. D'autant que les Parallels des degrez de l'Eccliptique, joignant lesquels elles sont, peuuent seruir, sans erreur notable, pour les Parallels

Elliptique ou Ouale nouueau. 155

d'icelles, comme nous auons dit en la 1. partie §. 4. il n'y aura autre chose à faire, sinon à grauer vn petit Asterisme * pour marque du lieu de l'Estoille joignant le degré de la figure des mois qui conuient au jour, auquel eschet la conjonction, adjoustant à cet Asterisme, si on veut, le nom ou la premiere lettre du nom, ou le Charactere d'icelle estoille. Car ce degré, du jour du mois sera le lieu de l'Estoille, sur lequel il faudra tousiours conduire la Touche ou Alhidade dudit Zodiaque, pour trouuer l'heure de nuict par ladite Estoille, comme nous dirons au §. suiuant parlant des vsages de ce Magnetique. On grauera donc pour l'Estoille la plus Meridionelle de la Poussiniere vn Asterisme, & la lettre P, a l'endroit du 15. jour de May de la figure des mois, auquel eschet la conjonction de ladite Estoille auec le Solei. Item pour l'Estoille dite le Cœur du Lion, on grauera la figure d'vn Cœur auec le Charactere du Lion, qui est le Lion, à l'endroit du 16. Aoust & ainsi des autres.

28. Pour ce qui est des Estoilles de la seconde sorte. Estant proposé de trouuer le lieu de quelqu'vne d'icelles en la figure des mois de ce Magnetique, soit reprise la figure 20. que nous descript sur la face exterieure de la plaque, qui doit estre le fond de la boitte du Ma-

gnetique Elliptique, & du centre T duquel nous auons descript les rayons des Signes & des longueurs des jours soit descript vn Arc de quelle ouuerture on voudra coupant la ligne T E en quelque point comme S, duquel point soit sur led. Arc pris les degrez de la declinaison de l'Estoille proposée, & ce du costé de L, si la declinaison est Septentrionelle; ou du costé de N, si elle est Meridionelle; & par le terme de lad. declinaison, soit menée du centre T vne ligne droite ou rayon, iceluy coupera le Diametre N L en vn point, par lequel estant menée vne ligne Parallele au Diametre B D, icelle coupera la circonference Elliptique de la figure des mois, ou grand Xodiaque en deux points de part & d'autre, desquels l'vn, quel on voudra des deux, poura estre pris & designé pour le lieu de l'estoille proposée, sur lequel il faudra conduire la Touche ou Alhidade d'iceluy, pour trouuer l'heure de ladite Estoille. Par cette pratique le degré du 3. jour du mois de May de ce Zodiaque poura estre designé pour le lieu de l'Estoille dite l'œil du Taureau. Item le degré du 7. de Septembre pour le lieu du petit Chien. Item le degré du 8. Aoust pour le lieu de la queüe du Lion, &c.

29. Et pour ce qui est des Estoilles de la 3. sorte, qui n'ont point de lieu dans ledit Zo-

Elliptique ou Ouale nouueau. 157

diaque, à raison qu'estant pratiqué ce qui est prescript au n. precedent, sçauoir estant mené du centre T vn rayon par le terme de leurs declinaisons prises sur l'Arc S L, ce rayon coupera le Diametre N L dudit grand Zodiaque prolongé en vn point hors de la circonference Elliptique dudit Zodiaque. Neantmoins, par ce que les Estoilles Septentrionelles sont fort commodes, pour trouuer l'heure de nuict, estants icelles remarquables, & tousiours apparentes, il ne sera pas inutil de descrire vne seconde Ellipse sur le plan du Magnetique Elliptique interieurement, vers la circonference du fond de la boitte, du costé du point A; au respect de laquelle Ellipse, on poura trouuer lieux aux Estoilles Septentrionelles en la circonference de la figure des mois ou grand Zodiaque exterieur affin que ce Magnetique puisse seruir, pour trouuer l'heure de nuict par ces Estoilles, lors qu'on sera en vne chambre tournée vers le Septentrion, des fenestres de laquelle on poura les descouurir pour ce faire, estant reprise la plaque donnée, qui doit estre le fond de la boitte du Magnetique Elliptique, sur la face interieur de laquelle nous auons descripte la figure 18. soit du centre T d'icelle figure descript vn Arc de quelle ouuerture on voudra, coupant la ligne T E au point S, duquel point soit sur ledit Arc vers C prise la declinaison de l'Estoille la plus Septentrionelle de toutes celles, dont on veut se seruir, pour trouuer l'heure de nuict; par exemple, la declinaison de l'Estoille, qui est a l'extremité de la queüe de la grande Ourse, qui est de 51. degrez; & par le terme de ladite declinaison soit menée du centre T vne ligne droicte ou rayon; ce rayon coupera la ligne A C en quelque point comme C, lequel sera le centre de l'Horizon excentrique au respect de l'Ellipse B O D V prise pour l'apparence du Parallel de ladite Estoille Septentrionelle de la queüe de la grande Ourse, lequel centre estant hors du petit Zodiaque interieur du Magnetique, ne peut seruir aucunement. Mais soit designé vn autre centre dans ledit petit Zodiaque pour l'Horizon excentrique d'vne seconde Ellipse, (que nous descrirons par apres en mesme distance du centre designé, comme l'Ellipse B O D V & distante du centre C) par exemple soit designé pour ledit centre le terme Septentionel e du petit Zodiaque entre E & O, qui est le centre de l'Horizon excentrique du Tropique de Cancer. Et estant prise auec vn compas la distance E C, du centre E de l'Ellipse B O D V au centre C de l'Horizon excentrique susdit de l'Estoille Septentrionelle; soit icelle distance E C transportée sur la ligne A C depuis le centre designé (c'est a dire depuis le terme e dudit petit Zodiaque, voisin du point O de l'Ellipse B O D V) jusques a quelque point, comme X, vers A; il est euident, qu'au respect dudit centre e designé pour le centre de l'Horizon excentrique de ladite Estoille Septentrionelle; le point X sera le centre de la seconde Ellipse proposée, qui representera les Parallels des Estoilles Septentrionelles. Soit donc autour de ce centre X descripte vne seconde Ellipse toute semblable & egale à l'Ellipse B O D V, je veux dire, soient trouuez les points horaires de cette seconde Ellipse, notamment les nocturnes, obseruant la mesme pratique, que nous auons prescript au n. 5. de ce §. Pour la description de points horaires de l'Ellipse B O D V: puis soient joignant lesdits points horaires d'icelle seconde Ellipse descriptes plusieurs lignes Ouales Paralleles, faisantes vn second rouleau semblable au premier, hors mis, qu'il doit estre renuersé & contraire audit premier rouleau, c'est a dire qu'il doit contenir seulement les points horaires nocturne desdites Estoilles (qui sont du costé de A contre le bord du fond de la boitte) & non les points horaires diurnes, qui soient inutils, à raison que ces Estoilles Septentrionelles montent trop haut vers le Zenith;

ce qui est cause, qu'on ne peut pas bien remarquer en quel endroit ou Azimuth elles sont, lors qu'elles sont en la partie des heures diurnes. Ce second rouleau seruira pour trouuer les heures de nuict par l'Estoille, qui est à l'extremité de la grande Ourse le centre de l'Aiguille estant mené sur le centre e designé au petit Zodiaque interieur, & la Touche ou Alhidade estant menée sur le point L de la figure des mois, ou grand Zodiaque, qui respond audit point e designé du petit Zodiaque. Et seruira de plus, pour trouuer les heures de nuict par quelques autres Estoilles moins Septentrionelles ; comme par celle, qui est à la queuë du Cygne, & par celle qu'on appelle le Bouc. Qui ont lieux en lad. fig. des mois ou grand Zodiaque au respect du second rouleau des heures.

Lesquels lieux on trouuera comme s'ensuit. Sçauoir : estant proposé de trouuer le lieu de l'Estoille, appellé le Bouc, (qui a 45. degrez & demi de declinaison Septentrionelle) en la circonference Ouale de la figure des mois, au respect du second rouleau des heures syderales. Soit reprise la plaque donnée, qui doit estre le fond de la boitte du Magnetique (sur la face exterieure de laquelle nous auons descripte la figure 20.) en laquelle du centre T est descript l'Arc N S L coupant T E au point S, & soit sur ledit

Elliptique ou Ouale nouueau. 161

ledit Arc dudit point S vers L, premierement prife la declinaifon de l'Eftoille la plus Septentrionnelle, (pour laquelle on a defigné le centre e du petit Zodiaque interieur, & defcript ledit fecond rouleau) fçauoir la declinaifon de l'Eftoille, qui eft à l'extremité de la queüe de la grande Ourfe, qui eft de 51. degrez, & par le terme de ladite declinaifon, foit mené du centre T vne ligne droicte ou rayon, iceluy coupera la ligne N L prolongée en quelque point comme X. Soit Secondement fur le mefme Arc depuis le point S vers L prife la declinaifon de l'Eftoille propofée, fçauoir de l'Eftoille, appellée le Bouc, qui eft de 45. degrez 30. minutes, & par le terme de ladite declinaifon foit du centre T menée vne autre ligne droicte ou rayon; ce rayon coupera la ligne E X en quelque point comme Y entre E & X; partant foit prife auec le compas la diftance du point X au point Y, & foit icelle transportée depuis le point L du grand Zodiaque (qui eft le lieu de l'Eftoille de la queüe de la grande Ourfe) fur la ligne N L du cofté de E jufques à quelque point, comme Z; par lequel foit menée vne ligne Parallele à B D; icelle ligne Parallele coupera la circonference Ouale de la figure des mois en 2. points, dont l'vn, quel on voudra des deux, pourra eftre

L

pris & designé pour le lieu de l'Estoille proposée, appellée le Bouc : ensorte que pour trouuer l'heure par ladite Estoille, il faudra conduire la Touche ou Alhidade de ladite figure sur ce lieu designé. C'est ainsi de toute les autres Estoilles moins Septentrionelles que l'Estoille, qui est à l'extremité de la queüe de la grande Ourse.

30. Voila ce qui concerne la figure des mois du Magnetique Elliptique. Sur quoy remarquez que toutes les lignes & Cercles, que nous auons prescript cy dessus au sujet de ladite figure, doiuent estre descripts occultement, & n'y a rien à grauer sur la plaque, sinon les 4. centres des portions de Cercles dont est composée la circonference Ouale, & les lignes Ouales Paralleles d'icelle figure, item les points des diuisions des 12. mois de l'Année, & les lieux des Estoilles. C'est pourquoy on pourra premierement faire vn modele sur du papier ou de parchemin, comme nous auons fait pour la figure des points horaires de la face interieur de ladite plaque, sur lequel modele soient descriptes les figures des pratiques precedentes; puis ce modele estant faict, on descrira premierement sur la face exterieure de la plaque donnée les lignes N L & B D, ensorte qu'elles respondent directement à la ligne du

midy A C, & à la ligne des 6. heures B D de la face interieur de la mesme plaque, ce qu'estant fait, on attachera ledit modele auec vn peu de cire sur la face exterieure de ladite plaque, ensorte que les lignes N L & B D dudit modele soient vnies auec les lignes N L & B D de ladite face exterieure de la plaque; puis on ponctuera auec la pointe d'vne Aiguille les 4. centres des portions des Cercles des lignes Ouales susd. item les points des diuisions des 12. mois. Item les points extremes des petites lignes qui les diuisent & les lieux des Estoilles, apres quoy on detachera le modele, & descrira on pour les 4. centres susdits le Rhombe, qui est requis pour la description des lignes Ouales proposées, puis on descrira les portions de Cercles d'icelles figures Ouales & en l'espace d'icelles les nombres des 12 mois de l'Année & lesdites petites lignes, qui diuisent les mois, enfin on descrira les nombres des heures des longueurs des jours ou du coucher du Soleil, & les characteres ou premieres lettres des noms des Estoilles à l'endroit de leurs lieux, & sera acheuée la figure des mois telle qu'elle est representée par la figure 21.

Pratique huict.

POVR LA CONSTRVC-tion de la Touche, Index, ou Alhidade de la figure des mois & des clauettes, qui la font tourner en Oual, suiuant la circonference dudit Zodiaque, & porter le centre de l'Aiguille d'Aimant, où il faut, pour trouuer l'heure justement par ce Magnetique Elliptique.

31. LA construction de la Touche ou Alhidade proposée ne sera pas difficile à comprendre à celuy, qui aura bien compris ce que nous auons dit ez n. n. 10. 11. 12. du §. 2. de la 1. partie touchant l'instrument à descrire les Ellipses, & de la regle a trois pointes, qui est vn modele grossier de cette Alhidade. Pour donc la coustruiere soit prise vne petite Lamme de cuiure ou d'argent limée & façonnée a mode d'vne belle Touche de Montre, telle qu'est la lamme H L R I, representée par la figure 23. peu plus longue, que le grand demi-diametre N E de la fig. des mois & soit icelle Lamme premierement appliquée & couchée sur ledit demi-diametre N E, ensorte que l'extremité H d'icelle Lamme touche le point N, & soit faite vne marque, sçauoir la marque

R, sur icelle Lamme au point, où elle touche le centre E. Secondement estant prise auec vn compas de l'interualle de la juste moitié du petit Zodiaque interieur, soit icelle transportée sur ladite Lamme depuis le point R, vers l'extremité H d'icelle, jusques a quelque point, comme L : ces deux marques R & L seront la difference des deux demi-diametres EN & EB. Soient à ces deux marques R & L percez deux trous ronds, pour y passer les pointes des deux clauettes mentionnées en la 1. partie §. 2. n. 13. Cela fait, auant que faire lesdites clauettes, soient faites en la plaque du fond de la boitte du Magnetique deux fentes egales, Orthogonelles l'vne à l'autre, s'entrecoupantes egalement au centre E, semblables à celles de la plaque representée par la fig. 31.

Sçauoir l'vne en la ligne NL, & l'autre en la ligne BD, & soient ces fentes l'vne & l'autre plus longues, que le petit Zodiaque interieur de plus du quart d'iceluy, & larges pour y passer justement les clauettes susd. ces fentes seruiront à conduire lesd. clauettes au long des Diametres NL & BD de la circonference Ouale NBLD de la figure des mois, ainsi qu'il est requis, à ce que la Touche ou Alhidade tourne en Oual, suiuant la circonference de ladite figure : conformement à ce qui est dit au §. 2. de la premiere partie n. 12.

De plus d'autant qu'il eſt neceſſaire de courir leſdites fentes par le dehors, de peur que le vent n'entre en la boitte par icelles, & n'empeſche le mouuement de l'Aiguille d'Aimant; ſoit ſoudé à ladite Touche ou Alhidade (ſçauoir du coſté qu'elle doit joindre le fond de la boitte) vn petit Cercle ou Eſcuſſon de cuiure ou d'Argent tout deſlié ayant pour Diametre enuiron le double du petit Zodiaque, enſorte que le centre dudit Eſcuſſon reſpond juſtement au milieu de l'eſpace d'entre les deux trous R & L d'icelle Touche; & cet Eſcuſſon eſtant ainſi ſoudé & attaché à icelle, ſoient leſdits deux trous percez de nouueau d'outre en outre dudit Eſcuſſon. Ce qu'eſtant fait, ſoient grauées, ſi on veut, quelques fleurs, ou autre belle figure ſur ledit Eſcuſſon pour l'embellir, comme le repreſente la figure 23. Cet Eſcuſſon eſtant acheué, il faudra alors faire les clauettes de la Touche ou Alhidade, repreſentées par les figures 24. & 25. qui doiuent eſtre telles, que s'enſuit.

La clauette, qui doit entrer au trou R de la Touche ſuſdite doit auoir vne teſte lon-guette (comme le repreſente la figure 24.) en forme d'vn petit marteau, qui ſoit de la longueur du demi-diametre du petit Zodiaque interieur, ou peu moins ; large enforte qu'elle entre juftement en la fente B D, & puiffe couler au long d'icelle juftement, & fans varier, & fans beaucoup de force ; fa hauteur peut eftre egale à l'efpeffeur de la plaque, qui eft le fond de la boitte, & plus haute, fi on veut ; la pointe de cette clauette doit eftre cylindrique, je veux dire, ronde parfaitement & egale par tout, & d'vne telle groffeur, qu'elle entre juftement dans le trou R de la Touche, fans branler en iceluy deçà ny delà, & neantmoins puiffe tourner en iceluy gayement & fans force ; Et cette clauette eftant ainfi faite, doit eftre mife dans le trou R de ladite Touche par le deffous de l'Efcuffon ; & eftant ajuftée dans ledit trou, enforte que la tefte d'icelle joigne bien l'Efcuffon & le touche quarrement (ce qui eft neceffaire à ce qu'elle ne varie ny branle) la pointe d'icelle clauette doit eftre riuée au deffus de la Touche fur vne petite contreriue de cuiure ou d'Argent, affin que le riuage d'icelle l'empefche de tourner gayement dans le trou R.

Et pour ce qui eft de la feconde clauette, qui doit entrer dans le trou L de ladite Touche & couler au long de la fente N L, & qui eft celle, qui doit porter l'Aiguille d'Aimant fur vn petit Stil ou piuot foudé au milieu d'icelle clauette, elle doit eftre toute femblable & ega-

L iiij

le à la precedente, sinon que sur la teste d'icelle doit estre premierement soudé ledit Stil où piuot, qui doit porter l'Aiguille, & que ladite teste doit auoir vn bord ou riuage vn peu fort, comme le represente la fig. 25. affin qu'estant ladite clauette mise en sa fente N L, par le dedans de la boitte; & sa pointe dans le trou L de la Touche, du costé de l'Escusson; item ladite pointe estant riuée sur ladite Touche, comme il est dit de la clauette precedente, ledict bord ou riuage l'empesche de sortir de ladite fente, & tienne la Touche & son Escusson joincte & serrée contre le fond de la boitte, ensorte qu'elle ne s'en puisse separer. Et notez que cette seconde clauette doit estre tellement juste en son trou L, qu'elle ne branle deçà ny delà, & neantmoins tourne en iceluy gayement, & sans force. C'est pourquoy, il sera necessaire, auant que la riuer, de veoir que la teste d'icelle clauette joigne bien l'Escusson, & le touche quarrement, comme il est dit de la clauette precedente; apres quoy on la poura riuer au dessus de la Touche sur vne petite contreriue; ce qu'il ne faut faire neantmoins, qu'apres que la boitte sera entierement acheué.

Notez que pour rendre le mouuement des clauettes de la Touche susdite plus ferme, on peut adjouster ausdites clauettes des petits Cercles de cuiure, sçauoir à chaque clauette vn Cercle pareil & d'égale espesseur l'vn a l'autre, desquels le Diametre soit presque egal à la moitié du petit Zodiaque interieur, au centre desquels Cercles on fera vn petit trou pour y passer la pointe desdites clauettes, & y ayant fait entrer les pointes d'icelles clauettes, vne chacune dans le sien, jusques tout contre les testes quarrées oblongues d'icelles, on soudera lesdits Cercles contre lesdites testes oblongues, & ces Cercles auront leurs places sur le fond de la boitte exterieurement entre ledit fond & l'Escusson de la Touche, (Mais il faudra faire vn petit rebord en la circonference dudit Escusson, affin qu'il touche le fond de la boitte, & cache l'entredeux où sont ces petits Cercles; il faudra aussi que la clauette L n'aye point de riuage sur le fond de la boitte interieurement, mais qu'au lieu dudit riuage, il y ait vn petit vis autour de la pointe ou Stil de l'Aiguille, & vn contreuis pour la tenir serrée & pour la demonter au besoing.) Car cela estant ainsi, pourueu que ledit contreuis soit bien poly, & les deux petits Cercles susd. bien egaux en espesseur, touchants quarrement le fond de la boitte & l'Escusson de la Touche, les deux clauettes seront fermes & inuariables en leur mouuement, & la Touche de la figure des mois tournera en Ellipse parfaitement.

Voila ce qui est de la Touche ou Alhidade du grand Zodiaque : laquelle moyennant les clauettes susdites, & les fentes Orthogonelles du fond de la boitte, dans lesquelles elles doiuent estre mises, vne chacune en la sienne, tournera en Ellipse, & suiura parfaictement la circonference de la figure des mois, auec telle regularité, que l'extremité H de ladite Touche ne sortira, ny s'esloignera de ladite circonference; & de plus la clauette L portera tousjours le centre de l'Aiguille d'Aimant sur le point du petit Zodiaque interieur, qui est le centre de l'Horison excentrique, & par consequent le centre des Azimuths au respect des points horaires du Magnetique pris pour les points horaires du Parallel du jour du mois, que ladite extremité H de ladite Alhidade touche en la circonference de la fig. des mois; comme il appert par ce qui est dit au n. 12. du §. 2. de la 1. partie.

32. Et remarquez que cette Touche ou Alhidade tournant en Ellipse, pendant que l'extremité H d'icelle parcourra la grande ligne Ouale ou circonference de la figure des mois, l'autre extremité I d'icelle descrira en mesme

temps la circonference d'vne autre Ellipse contraire plus petite, de laquelle le grand Diametre sera sur la ligne BD, & le petit diametre sera sur la ligne NL, d'où il appert qu'on poura descrire cette petite Ellipse, ou au lieu d'icelle vne ligne Ouale composée de portions de Cercles autour des mesmes Diametres, & joignant icelle descrire les diuisions des 12. Signes ou les longueurs des jours, ou les heures du coucher du Soleil, qu'on trouuera par des somblables pratiques, que celles que nous auons donné cy dessus pour la diuision de la grande circonference de la fig. des mois, ou autrement comme s'ensuit. Sçauoir le Magnetique estant tout acheué, & la Touche ou Alhidade joincte auec la boitte, soit conduitte l'extremité H de ladite Touche sur le degré du jour du mois de ladite grande circonference, auquel le Soleil entre en quelque Signe, par exemple sur le 21. Mars auquel jour le Soleil entre en Belier, & soit marqué le Charactere du Belier sur le fond exterieur de la boite, joignant l'extremité I de ladite Touche, & soit fait ainsi pour tous les autres Signes. Il est euident que cela estant ainsi, lors que l'exrremité H sera conduite sur les mois & jours en la grande circonference, l'extremité I montrera les Signes & les parties desdits Signes, qui leur respondent en la petite circonference: Pareillement soit conduitte l'extremité H de la Touche ou Alhidade sur le jour du mois L de ladite grande circonference qui a 8. heures de longueur, sçavoir sur le 22. Decembre, & soit marqué le nombre 8. sur le fond exterieur joignant l'autre extremité I de la mesme Touche, & soit ainsi fait pour toutes les autres longueurs des jours, il est euident que cela estant ainsi, lors que l'extremité H sera conduitte sur quelque mois & jour de ladite grande circonference l'autre extremité I montrera la longueur dudit jour.

Et si au lieu des nombres des longueurs des jours on marque le nombre des heures du coucher du Soleil, lors que l'extremité H sera conduitte sur quelque jour de l'Année, l'autre extremité I montrera l'heure du coucher du Soleil audit jour.

On poura aussi marquer les lieux des Estoilles de la mesme façon joignant ladite extremité I; & en ce cas on aura de la place pour escrire les noms ou Characteres d'icelles au milieu de la figure des mois, &c.

Pratique neuf.

POVR L'ASSEMBLAGE des pieces de la Boitte du Magnetique Elliptique.

33. SI la Boitte du Magnetique Elliptique est de cuiure ou d'Argent, estant la figure du rouleau des heures descripte sur la plaque, qui doit estre le fond de la boitte d'vne part, auec la figure de l'Ange portant ce rouleau, ou telle autre figure qu'on voudra; Item la figure des mois d'autre part; soit retranchée de ladite plaque tout ce qui est hors de la circonference Ouale de lad. fig. des mois. (Car cette circonference est la figure de la boitte du Magnetique) puis soit fait l'Agneau ou demi-jour (qui doit faire le tour de la boitte) de pareille figure que ledit fond, & soit cet Agneau soudé sur la plaque susdite du costé, où est graué le rouleau des heures; ces deux pieces estants ainsi soudées ensemble, formeront le corps de la boitte du Magnetique Elliptique. Et d'autant qu'à cette boitte, il faut faire deux couuertures s'ouurantes auec

charnieres, l'vne deſſus, pour couurir le Criſtal, l'autre deſſous pour couurir le grand Zodiaque, on fera ces deux couuertures connexes exterieurement, & concaues interieurement à mode de deux coquilles Ouales, comme on fait ordinairement les boittes des Monſtres; & pour les charnieres, elles deuront eſtre ſoudées au haut de la boitte à l'endroit du point A entre leſquelles il faudra auſſi vne petite beliere auec vn petit Agneau, &c.

Il faudra de plus preparer vn beau Criſtal de figure Ouale, tel qu'il entre juſtement dans le creu de la boitte, & notez que pour ſoubſtenir ce Criſtal à ce qu'il n'enfonce trop profondement dans ladite boitte, & ne repoſe ſur l'Aiguille d'Aimant; il faudra qu'au ſuſdit Agneau ou demi-jour ſoit interieurement ſoudé vn petit filet de cuiure ou d'Argent; ſur lequel repoſe ce Criſtal, enſorte qu'il ne touche l'Aiguille d'Aimant, & n'empeſche le mouuement d'icelle.

34. Il faudra pareillement preparer vne Aiguille d'Aimant ſimple, deſliée & egale par tout, & droicte, comme le rayon de l'Azimuth, qu'elle doit repreſenter (ce qui n'empeſchera neantmoins, qu'on ne face quelque diſtinction, pour recognoiſtre le coſté qui doit tourner au Nort) on la fera d'Acier le plus dur,

& le meilleur, par ce que par experience on a recogneu, que ce metail reçoit plus de vertu de la pierre d'Aimant qu'aucun autre, & la conserue tousious; pourueu qu'on la preserue du feu, & de la roüille, qu'on l'esloigne de tout autre Ascier ou Fer, & qu'on ne la violente pas à tenir vn longt-temps vne autre situation, que celle, à laquelle elle tend par la vertu naturelle de l'Aimant.

35. Toutes ces pieces estants faites, ensemble la Touche ou Alhidade de la figure des mois auec ses deux clauettes, il faudra monter toutes ces pieces ensemble, premierement les couuertures & les charnieres, puis ladite Touche ou Alhidade a laquelle il faut premierement joindre la clauette R. mettant ladite clauette en son trou R, par le dessous de l'Escusson, du costé qui doit joindre le fond exterieur de la boitte, & riuant ladite clauette sur ladite Touche, comme il est dit cy dessus au n. 31. puis il faudra appliquer ladite Touche sur le fond de la boitte exterieurement, ensorte que la teste de la clauette R. entre en la fente BD dudit fond, puis tourner ladite Touche sur ledit fond (la teste de ladite clauette R. demeurant en sa fente BD) jusques a ce que le trou L de la mesme Touche apparoisse au dedans de la boitte par la fente NL dudit fond,

auquel cas, il faudra mettre la pointe de la clauette L par le dedans de la boitte en ladite fente NL, & en son trou L, & la pousser ensorte que la teste de ladite clauette entre en ladite fente NL; & enfin il faudra riuer la pointe d'icelle clauette sur la Touche exterieurement; comme il est dit de la clauette R, &c.

Apres quoy il ne restera plus rien à faire, sinon de mettre l'Aiguille d'Aimant en la boitte sur le Stil ou piuot, qui est soudé sur la clauette L, & le Cristal au dessus d'icelle, & vn petit filet de cuiure sur ledit Cristal, qui bande bien contre le bord de la boitte pour empescher que le Cristal ne sorte; il faudra enfin veoir que les couuertures ferment bien proprement & facilement; & le Magnetique sera acheué, à la reserue d'vn petit directoir, pour diriger la boitte d'iceluy à l'endroict du Soleil, justement & comme il faut, ez lieux où l'Aiguille d'Aimant decline du vray Nort & midy, duquel nous traiterons en la pratique suiuante.

36. Que si la boitte de ce Magnetique est d'yuoir ou de buis il ne sera necessaire de faire tant de pieces, qu'en la precedente. Car le corps de la boitte poura estre d'vne seule piece, & suffira d'y faire vne seule couuerture, à raison qu'on poura bien faire le fond de la boitte semblable exterieurement à la couuerture de dessus

de deſſus (je veux dire vn peu conuexe) ce qui n'empeſchera pas que ſur ledit fond on n'y graue exterieurement la fig. des mois telle qu'elle eſt preſcripte cy deſſus & telle qu'elle eſt repreſentée par la figure 21. & que (n'onobſtant cette conuexité en laquelle je ſuppoſe eſtre deſcripte ladite figure des mois ſur le bord dudit fond, affin qu'il ſoit plus grand, & plus exacte) on n'applique vne Touche ou Alhidade tournant en Ouale au milieu d'icelle figure vn peu courbée vers l'extremité H d'icelle, affin qu'elle joigne le fond conuexe & touche de ſon extremité la circonference d'icelle fig.

Tout ce qu'il y a de particulier en ces boittes d'yuoir ou de buis eſt que le fond n'eſtant pas aſſez fort, pour reſiſter à l'effort & violence, que font les deux clauettes de la Touche ſuſdite dans les fentes du fond de la boitte, lors qu'on la tourne, il faut faire leſdites fentes en vne petite piece de cuiure de fig. Rhombe, telle que la repreſente la figure 22. laquelle on enchaſſera au milieu dudit fond exterieurement en vn creu Rhombe, que l'on fera expres, puis on la cloüera pour l'attacher audit fond auec des petites pointes de cuiure, que l'on riuera de part & d'autre dudit fond; Et en ce cas, il ne ſera neceſſaire de faire qu'vne ſeule fente dans le fond, ſçauoir celle de la clauette L, qui porte l'Aiguille d'Aimant, laquelle fente on pourra encor fortifier au dedans de la boitte auec vne petite lamme de cuiure, representée par la figure 26. au long de laquelle on fera vne pareille fente à la fente N L, juste pour y couler la mesme clauette L; laquelle petite lamme poura estre cloüée sur ledit fond auec les mesmes pointes de cuiure, auec lesquelles on a cloüé la piece de figure Rhombe susdite. Car moyennant ces 2. pieces de cuiure, la boitte sera fortifiée, & le mouuement des clauettes sera plus doux, & plus regulier.

Notez que fortifiant ainsi la boitte auec ces deux pieces de cuiure, il y a moyen de rendre le mouuement des clauettes & de la Touche encor plus ferme & regulier. Adjoustant audites clauettes des petits Cercles de cuiure, tels que nous auons dit en la pratique precedentes, lesquels Cercles trouueront fort a propos leurs places entre l'Escusson & la piece de cuiure de figure Rhombe susdite, si en enchassant ladite piece Rhombe dans le fond d'yuoir ou de buis exterieurement, on l'enfonce plus profondemēt, sçauoir de l'espesseur desd. Cercles.

Pratique dix.

POVR LA CONSTRVCtion d'vn petit directoir seruant à diriger la boitte du Magnetique à l'endroict du Soleil, de la Lune, & des Estoilles, comme il faut, ez lieux où l'Aiguille d'Aimant decline du vray Nort & midy.

37. LES pieces du Magnetique estant assemblées, ainsi qu'il est dit en la pratique precedente, le Magnetique seroit complet & acheué, & tout preparé pour trouuer les heures par iceluy, si l'Aiguille d'Aimant ne declinoit du vray Nort ou midi en aucun lieu.

Car il n'y auroit autre chose à faire, sinon de mener la Touche de la figure des mois sur le degré d'icelle figure, qui conuient au jour du mois courant, affin de porter le centre de l'Aiguille où il faut; puis tourner la boitte ensorte que la ligne du midy soit iustement à l'endroit du Soleil, & alors l'Aiguille d'Aimant s'arrestant à son Nort montreroit entre les points horaires de l'Ellipse interieure l'heure du Soleil iustement, comme il sera dit plus amplement en la 4. partie parlant des vsages de ce Magnetique, mais l'experience fait veoir que l'Aiguille d'Aimant, qui a cette proprieté, & vertu de se tourner tousiours vers le Septentrion & le midy, ne s'areste pas pourtant tousjours parfaictement à l'endroit du vray Septentrion & midy, ains decline presque en tous lieux de quelques degrez, & ce diuersement non seulement en diuers Regions, mais mesme en diuers lieux d'vne mesme Region. Et quoy qu'il y ait des Autheurs, qui ont voulu reduire ce changement de declinaison à regularité, & ont donné des preceptes, pour trouuer ladite declinaison, par le moyen de longitudes des Pays; neantmoins la pratique faict veoir, que ces preceptes sont inutils, puis que souuent ez lieux voisins d'vn mesme Pays distants seulement de 5. ou 6. lieües, on remarque du changement de 2. ou 3. degrez de declinaison, sans qu'on y puisse remarquer aucune regularité. Qui est la cause, que non seulement les Horologes Magnetiques, mais aussi tous autres Horologes Scioteriques Horizontaux portatifs, pour l'vsage desquels est requise vne Aiguille d'Aimant, sont subjects à quelque petite erreur, si on ne corrige la declinaison de l'Aiguille.

Il est vray que cet erreur n'est pas consideree de ceux qui font ces Horologes Scioteriques Horizontaux portatifs, puis qu'on n'en voit peu où soit donné le moyen de corriger cette declinaison, ce qui leur seroit neantmoins facile, puis qu'il n'y a autre chose a faire, sinon de descrire au fond de la boitte desdicts Horologes soubs l'Aiguille d'Aimant vn Arc de Cercle de 10. ou 12. degrez de part & d'autre de la ligne du midy. Car moyennant ces degrez, la boitte de ces Horologes pouroit estre dirigée justement au midy, ainsi qu'il est requis, pour trouuer l'heure par ces Horologes; si elle estoit tournée ensorte que l'Aiguille s'arreste sur le degré de sa declinaison.

I'aurois donc autant de raison d'en faire de mesme, & de presenter au public ce Magnetique Elliptique, sans donner le moyen de corriger cette declinaison de l'Aiguille d'Aimant neantmoins, affin que rien ne manque en cet Horologe, je donneray le moyen de la corriger par le petit directoir proposé, representé par la figure 28. (qui trouuera sa place en la boitte dudit Magnetique, dans le creu de la couuerture superieure) lequel directoir tournant sur le centre d'vn Arc, sçauoir sur le centre R de l'Arc K P Q contenant 12. degrez ou plus de part & d'autre de la ligne du midy R P produitte sur le plan de ladite couuerture, seruira à diriger la boitte de ce Magnetique à l'endroit du Soleil, si on conduit ledit directoir sur le degré dudit Arc, qui conuient à la declinaison de l'Aiguille, puis on tourne la boitte, ensorte que ledit directoir, erigé sur le plan de ladite couuerture, ne face ombre que de son espesseur.

38. Auant que faire ce directoir, soit descripte premierement la ligne du midy sur le plan de la couuerture superieure, ouurant ladite couuerture tout de son long, & appliquant vne regle sur la boitte dictement à l'endroict de la ligne du midy A C, qui est au fond de la boitte; & enfin menant vne ligne droicte sur le plan de ladite couuerture au long d'icelle regle. Secondement soit d'vn point choisi en icelle ligne du midy, comme R, descript vn Arc ou portion de Cercle de quelle ouuerture on voudra, tel qu'est l'Arc K P Q de la figure 28. coupant ladite ligne du midy au point P, sur lequel Arc seront pris de part & d'autre du point P 12. degrez du Cercle, duquel il est Arc & portion. (Car l'Aiguille d'Aimant ne decline en aucun lieu de la terre d'auantage) seront descripts les degrez de declinaison requis.

Maintenant pour le directoir proposé, soit prise vne petite plaque de cuiure toute desliée, & d'autant qu'il doit auoir diuers mouuements

(car il doit estre couché de son plat dans le creu de la couuerture, sçauoir lors qu'on veut la fermer; puis erigé perpendiculairement, lors qu'on veut diriger la boitte à l'endroit du Soleil; de plus estant iceluy erigé, il doit estre tourné sur son centre R, & mené sur le degré de l'Arc PQ ou PK, qui conuient à la declinaison de l'Aiguille, c'est a dire sur l'Arc PQ si ladite declinaison est du Septentrion vers l'Orient, comme elle est en ce Pays; ou sur l'Arc PK, si elle est du Septentrion, vers l'Occident) il faudra de necessité joindre ce directoir à vne lamme de cuiure tournante sur ledit centre R, sur laquelle il puisse estre couché ou erigé au besoing par le moyen de deux petites charnieres simple attachées sur ladite lamme de plus, pour faire que ce petit directoir se tienne de soy mesme couché ou erigé perpendiculairement, il faudra attacher ou cloüer vn petit ressort de cuiure, bien battu à cette lamme entre icelle & le directoir, ou bien soubs la lamme, ensorte que l'extremité passe par vn trou de ladite lamme, pour presser contre ledit directoir, & par ce moyen le tenir couché ou esleué.

Et notez que pour ce, il faut que ledit directoir ait vn peu d'espesseur du costé qui joint cette lamme.

Pratique onze.

POVR TROVVER LA declinaison de l'Aiguille.

39. D'Avtant que ce n'eſt pas aſſez de donner le moyen de corriger la declinaiſon de l'Aiguille d'Aimant, ſi on ne donne auſſi le moyen de la cognoiſtre, lors qu'on ſera en quelque lieu, où l'on ignorera ladite declinaiſon, on poura pratiquer ce qui ſuit. Eſtant propoſé de trouuer la declinaiſon de l'Aiguille : ſoit la Touche de la figure des mois conduitte ſur le degré d'icelle figure, qui conuient au jour du mois courant, & à quelque heure auant midy, que le Soleil luira, ſoit la boitte ouuerte, & le directoir erigé perpendiculairement ſur le plan de ſa couuerture, & ſoit iceluy tourné ſur ſon centre R, & mené ſur le point P de l'Arc PQ, qui eſt le point du midy, cela faict, ſoit la boitte tournée à l'endroict du Soleil, enſorte que ledit directoir erigé comme dit eſt, ne face ombre que de ſon eſpeſſeur ; alors l'Aiguille d'Aimant s'arreſtant à ſon Nort coupera le rouleau des heures du

costé des heures du matin, soit donc remarqué en quelle heure ou partie de l'heure il le coupe; & au mesme temps sans tarder, soit prise la juste eleuation du Soleil auec vn quarré Astronomique, ou bien faute de cet instrument soit suspendu vn baston à l'endroict d'vn plan bien Horizontal & soit remarqué la longueur de l'ombre d'iceluy. Puis estantes escoulées quelques heures apres midy, soit exposé le quarré Astronomicque au Soleil, prenant garde, quand le Soleil sera en la mesme eleuation, qu'on a trouué auant midy, ou bien soit derechef suspendu le mesme baston, prenant garde, quand l'ombre d'iceluy sera egale à celle de deuant midy (d'où l'on cognoistra, que le Soleil sera en la mesme eleuation) & a mesme temps soit la boitte du Magnetique ouuerte, & le directoir erigé perpendiculairement soit conduict sur le point P de l'Arc Q P, comme auparauant; puis soit tournée la boitte à l'endroit du Soleil, ensorte que ledit directoir ne face ombre que de son espesseur, & l'Aiguille d'Aimant s'arrestant à son Nort, & coupant le rouleau des heures du costé des heures du soir, soit remarqué sur quelle heure ou partie de l'heure, il le coupe, considerant, si elle est autant distante du midy, que celle du matin. Car si elle est autant distante, ce sera vn signe infaillible, que l'Aiguille n'a aucune declinaison. Mais si elle est plus distante du midy, c'est signe que l'Aiguille à declinaison du Septentrion vers l'Occident, si au contraire, elle est moins distante, c'est signe que l'Aiguille à declinaison du Septentrion vers l'Orient. Et pour recognoistre de combien de degrez est ceste declinaison; soit tournée la boitte jusques à ce que l'Aiguille arrestée à son Nort vienne à couper le rouleau sur l'heure ou partie de l'heure du soir autant distante du midy, comme celle du matin, & la boitte demeurant ainsi immobile, soit le directoir tourné sur son centre R, jusques à ce qu'il ne face ombre que de son espesseur, alors la pointe dudit directoir donnera sur l'Arc PQ ou PK vn nombre de degrez, duquel la moitié sera la juste declinaison de l'Aiguille d'Aimant.

40. Autrement on poura cognoistre la declinaison de l'Aiguille d'Aimant plus promptement, si sçachant l'heure qu'il est (par quelque juste Horologe vertical descript contre vne muraille, ou par quelque autre Horologe mobile ou immobile, comme par vn cylindre, par vn Bylimbat, ou bien par le Magnetique mesme, autrement que par l'Aiguille d'Aimant, sçauoir par les eleuations du Soleil, comme nous dirons cy apres en la pratique

Elliptique ou Ouale nouueau. 187

fuiuante) on conduict la Touche de la figure des mois fur le degré qui conuient au jour du mois courant, puis la boitte eftant ouuerte on la tourne jufques a ce que l'Aiguille d'Aimant vienne à s'arrefter fur l'heure qu'il eft, & a mefme temps la boitte demeurant ainfi immobille on tourne le directoir, erigé perpendiculairement, fur fon centre R jufques a ce qu'il ne face ombre que de fon efpeffeur, car alors le degré de l'Arc PQ ou PK, fur lequel fe trouuera la pointe du directoir, fera le degré de la declinaifon de l'Aiguille d'Aimant.

Toute l'importance donc eft de fçauoir l'heure juftement par quelque Horologe, ou par le Magnetique mefme, autrement que par l'Aiguille d'Aimant : ce qu'on peu faire par le moyen des Almicantaraths, ainfi qu'il fera dit en la pratique fuiuante.

Pratique douze.

POVR TROVVER L'HEVre qu'il eft par les Almicantaraths auec le Magnetique Elliptique.

41. REMARQVEZ premierement qu'on peut trouuer fur le plan du Magnetique Elliptique le point où l'Almicantarath

de l'Eleuation du Soleil coupe l'Ellipſe BODV par le moyen des rayons des Signes de la fig. 13. Car notez que les rayons de cette fig. eſtants prolongez juſques à la tangente R P ſont les demi-diametres & rayons des Horizons & circonferences des Analemmes particuliers des des Parallels des Signes, qui compoſent ce Magnetique Eliptique, & qu'eſtants d'eſcripts ſur ladite fig. 13. les Cercles Almicantaraths de la figure 4. iceux couperont le rayon de l'Equateur EP en des points, par leſquels eſtants menées des lignes Paralleles à ladite Tangente R P, ces lignes Paralleles couperont leſdits rayons, ou demi-diametres des Horizons ſuſdits en des points, qui ſeront les termes des demi-diametres des Almicantaraths deſdits Analemmes particuliers, d'vn chacun les ſiens. D'où s'enſuit, qu'eſtant trouuée l'eleuation du Soleil par vn quarré Aſtronomicque, & eſtant pris auec vn compas ſur le rayon du Parallel du degrè du ſigne, auquel eſt le Soleil, le demi-diamettre de l'Almicantarath de laditte Eleuation eſtant du point du petit Zodiaque interieur où ſe retrouue le ſtil ou Piuot de l'Aiguille d'Aimant (qui eſt le centre de l'Orizon Excenttrique du Parallel dudit degrè & par conſequent le centre dudit Almicantarath (ſuppoſé la Touche de la figure des mois eſtre mi-

Elliptique ou Ouale nouueau.

se sur le degré qui conuient au jour du mois courant) descript cet Almicantaraths sur le plan du Magnetique Elliptique occultement, tournant le compas sur ledit centre, jusques à ce qu'il vienne à rencontrer l'Ellipse BODV, qui au respect dudit centre represente le Parallel du Soleil, ce point de rencontre ou d'intersection de ladite Ellipse sera le point de la vraye heure du Soleil, par le moyen de laquelle on trouuera la declinaison de l'Aiguille d'Aimant, comme il est dit cy dessus

42. Ceux donc qui voudront seruir de cette inuention pour cognoistre la declinaison de l'Aiguille, trouueront bien sur le fond interieur de la boitte (où il n'y a rien de necessaire que le rouleau des heures) la place, pour y descrire les rayons des Signes susdits, ils pourront bien aussi adjouster sur ce fond vn petit compas de cuiure ou d'Argent composé de deux petites lammes desliées couchées de leur plat sur ledit fond, tel qu'il est representé par la figure LHI, que l'on trouuera soubs la 19. lequel tourne autour du Stil ou piuot de la clauette L, comme centre, pour seruir à prendre promptemēt les demi-diametress de Almicantaraths sur les rayons susdits, & descrire lesdits Almicantaraths, cōme il est dit cy dessus, &c.

Car de grauer les Cercles Almicantaraths

sur le Magnetique Elliptique, comme on fait sur l'Analemme Horizontal & autres Magnetiques, cela est impossible, à cause de la confusion, qui s'enfuiuroit de tant d'Almicantaraths inegaux & excentriques, qu'il faudroit descrire. Il est vray qu'on poura bien descrire l'Horizon Elliptique & les Almicantaraths de mesme figure mentionnez en la premiere patie §. 1. n. 6. en ce Magnetique Elliptique, mais il faudra changer la disposition & construction d'iceluy. Car si on descript lesdits Horizons & Almicantaraths Elliptiques sur le fond de la boitte, le centre de l'Aiguille d'Aimant, qui suit tousiours le centre de l'Horizon, debura estre immobile, comme ledit Horizon; & en ce cas l'Ellipse BODV, c'est a dire le rouleau des heures debuta estre mobile; il sera donc necessaire de descrire ledit rouleau sur vn plan mobile, (duquel soit retranché tout ce qui est hors de l'Ellipse susdite, affin qu'on puisse veoir en quels points ladite Ellipse est coupée par les Almicantaraths) & d'attacher ce plan mobile à la clauette L, ensorte que le centre E dudit plan (qui est le centre de ladite Ellipse) soit vni au centre de la clauette L, qui fera mouuoir ce plan d'vn mouuement pareil que celuy dont le Stil ou piuot de l'Aiguille d'Aimant deuoit estre meu auparauant.

43 Mais la difficulté est, ou l'on mettra le Stil ou piuot de l'Aiguille d'Aimant ; car ils ne pourra pas estre fiché au centre de l'Horizon, c'est à dire au centre du fond immobile, sur lequel il est descript, à raison des fentes Orthogonelles N L & B D, qui coupēt ledit fond iustement au centre dudit Horizon ; si ce n'est que sur la fonte N L & à l'endroit du milieu d'icelle on soude vn petit filet de cuicre representé par la figure 27. qui porte le Stil ou piuot de l'Aiguille ; auquel cas il faudra fendre la clauette L auec vne petite lime, affin de faire passage audit filet de cuiure, & de plus faire vne fente au plan mobile en la ligne A C du midy, pour faire passage au Stil ou piuot de l'Aiguille &c. ce qui est bien difficile.

Si toutesfois quelqu'vn à assez d'adresse, pour construire le Magnetique Elliptique de cette derniere inuention, il pourra d'escrire sur le plan d'iceluy l'Horizon Elliptique, qui n'est autre que la 24. heure Italiques ; Item les autres heures Italiques, & les Almicantaraths Eliptiques par la pratique suiuante.

Pratique treize.

POVR D'ESCRIRE L'HO-rizon Elliptique, & les heures Italiques; & de suite les Almicantaraths Elliptiques du Magnetique Elliptique, comme en la figure 29. & 30.

44. REMARQVEZ premierement que les heures Italiques estants de grands Cercles de la Sphere Obliques au plan de l'Horizon au nombre de 24. qui diuisent tous les Parallels de l'Equateur compris entre le plus grand des occultes, & le plus grand des apparents, en 24. heures ou parties egales, commenceant dés la partie occidentale de l'Horizon, qui est le 24. desdits Cercles; & qui par consequent passent par les points des heures Astronomicques des Parallels des longueurs des jours denommez en la table suiuante; s'ensuit que pour descrire lesdits Cercles, il faudra auparauant descrire occultement les Parallels des jours denommez en la table suiuante, du moins ceux qui sont contenus dans le Zodiaque, sçauoir celuy de 8. 10. 12. 14. 16.

14. 16. heures distinctement & separement l'vn de l'autre, comme il sera dit cy apres, puis descrire des lignes courbes & portions d'Ellipses par les points horaires d'iceux Parallels denommez en ladite table, par lesquels passent les heures Italiques, & icelles seront les heures Italiques du Magnetique Elliptique, desquelles le 24. sera l'Horison Elliptique requis, representé par l'Ellipse A B C D de la figure 29. & 30.

45. Pour donc descrire les Parallels des longueurs des jours denommez en la table ainsi qu'il est requis, soit reprise la figure 5. ou en soit faite vne autre semblable, & egale comme le 29. en laquelle tout soit descript occultement, exceptez les points horaires Astronomicque de l'Ellipse BODV, qui represente le Parallel de 12. heures, & les lignes des heures du jour & de la nuict Paralleles à A C, qui representent les Cercles horaires en ce Magnetique & le centre T qui est ez lignes QT, BD puis dudit centre T, soient descripts les rayons des longueurs des jours de la figure 16. de part & d'autre de la ligne T E, prise pour le rayon des 12. heures, sçauoir les Septentrionaux du costé de A, & les Meridionaux du costé de C: ces rayons couperont la ligne A C en des points, qui seront les centres des Ellipses dif-

tinctes & separées qui representent les Paralleles des longueurs des jours. Ce qu'estant fait, d'autant que les circonferences desdites Ellipses sont egales, Paralleles, & autant esloignées l'vne de l'autre, comme leursdits centres; il n'y aura plus autre chose à faire, sinon de prendre auec vn compas les distances depuis le centre E jusques aux centres d'icelles Ellipses, & les transporter sur chacune des lignes des heures du jour & de la nuict de part & d'autre des points horaires de l'Ellipse B O D V, marquant diligemment les points, où se termineront les distances transportées. Car ce seroiēt les points horaires Astronomiques des Parallels des longueurs des jours requis. Si donc par lesdits points horaires Astron. denommez en la table precedente, par lesquels passent les heures Italiques, sont menées des lignes courbes ou portions d'Ellipses; icelles seront les apparences des Cercles horaires Italiques requises; c'est a dire que si on mene vne ligne courbe par le point des 8. heures du soir du Parallel. de 16. heures; par le point des 7. H. S. du Parallel de 14s. par le point des 6. H. S. du Parallel de 12; par le point des S H. S. du Parall. de 10. par le point des 4. H. S du Parall. de 8. heures: icelle sera l'apparence du 24. Cercle Italique, qui est l'Horizon Elliptique. Pareillement, si

Elliptique ou Ouale nouueau.

on mene vne autre ligne courbe par le point des 7. H S du Parall. de 16. H ; par le point des 6. H S du Parallel. de 14. par le point des S H. S. du Parall. de 12. par le point des 4. H. S. du Parallel de 10. par le point des 3 H. S. du Parallel de 8. heures : icelle sera l'apparence de la 23. heures Italiques : & ainsi des autres.

46. Surquoy remarquez que l'Horizon Elliptique ou 24. heure Italique A B C D de la figure 29. & 30, a pour petit demi-diametre le demi-diametre E B de l'Horison A B C D de la figure 5. que nous auons dit estre 1. de tous les Analemmes particuliers qui composent ce Magnetique, lequel demi-diametre est egal au rayon de 12. heures de la figures 16. : Et à pour ce grand demi-diametre (Ainsi qu'on peut veoir par la table precedente) la portion de la ligne du midy A O prolongée, qui est interceptée entre le centre E, & le point du midy du Parallel de O heure, ou le point de la minuict du Pararel de 24. heures, laquelle portion de ligne est egale au demi-diametre de l'Analeme particulier du Parallel de 24. heures, c'est à dire au rayon de 24. heures, ou de O heures de la figure 16. d'ou s'ensuit que les Almicantaraths de ce Magnetique, qui doibuent estre semblables audit Horizon Elliptique, seront des Ellipses semblables à

l'Ellipſe A B C D de la fig. 30. deſquels les petits diametres ſeront les Diam. des Almicantaraths circulaires de la fig. 5. ou 4. dont le demi-diametre eſt égal au rayon de 12. heures de la fig. 16. & les grands Diametres ſont les Diametres des Almicantaraths de l'Analemne particulier du Parallel de 24. heures, duquel le demi-diamettre eſt le rayon de 24. heures ou de nulle heure de la figure 16. partant pour deſcrire leſdits Almicantaraths Elliptiques, il ny aura autre choſe à faire, ſinon de tranſporter les petits demi-diametre des Almicantaraths de la figure 5. ou 4. ſur les lignes B D de la figure 30. depuis E vers D ou B. Item les grands demi-diamettres des Almicantaraths de l'analemne particuliere de 24. heures ſur la ligne A C de la figure 30. depuis E vers A ou C, puis d'eſcrire des Ellipſes ou lignes Ouales autour deſdits grands & petits diametres, & ces Ellipſes ſeront les Almicantaraths du magnetique Elliptique, qui ſeruiront entre autres vſages à trouuer l'heure par les Eleuations du Soleil, ſi ſeulement on mene la touche de la figure des mois ſur le degré qui conuient au iour du mois car le poinct d'interſection, ou l'Almicantaraths de l'Eleuation du Soleil coupera l'Ellipſe B O D V entre les points horaires ſera le point de la vraye heure ; par le moyen de laquelle vous cognoiſtrez la declinaiſon de l'Aiguille d'Aimant, ſi vous pratiquez ce qui eſt dit au n. 40. cy deſſus.

Voila, cher Lecteur, ce qui concerne la pratique pour la conſtruction entière & complete du Magnetique Elliptique particulier, ie veux dire, de ſa Boitte, & des pieces dont elle eſt compoſée, & des figures qu'il faut grauer en icelle, reſteroit maintenant d'en donner les vſages tout de ſuitte, mais i'ay trouué plus à propos de les remettre à la fin de ce Traité.

Fin de la ſeconde partie.

TROISIESME PARTIE,

EN LAQVELLE SONT donnez diuers moyens de rendre le Magnetique Elliptique Vniuerſel pour tous pays.

Auant propos de la III. Partie.

I.

Il est euident, que pour rendre vniuersel le Magnetique Elliptique, que nous auons descript en la 1. & 2. partie, il n'y à autre chose à faire, sinon d'adjouster en iceluy plusieurs Ellipses particulieres pour l'Eleuations des autres pays ioignant l'Ellipse B O D V, qui est particuliere pour ses Eleuations de ce pays de Lorraine, car comme ce Magnetique n'est point confus, n'y ayant autre chose sur le plan d'iceluy, que les points horaires de l'Ellipse B O D V de la figure 5. il y à vn beau champ sur ledit plan, pour y d'escrire toutes les Ellipses des autres Eleuations de l'Equateur sans aucune confusion.

Toute la difficulté est de trouuer la proportion des grands & petits Diametres d'icelles Ellipses, & du petit Zodiaque interieur dudit Magnetique. Mais remarquez que si nous reprenons la figure 5. qui comme dit est, est la figure du plan du Magnetique particulier, pour l'Eleuation de l'Equateur de ce pays, qui est de 41. degrez 20. minutes, & en faisons d'autres de paraille construction ; pour d'autres Eleuations, nous verrons qu'en chacune de ces figures particulieres ; tousiours le grand demi-diametre ED de son Ellipse sera égal au costé EQ du triangle QEO d'icelle figure (ou du triangle EQT qui luy est semblable & egal.) Item que tousiours le petit demi-diametre EO de la mesme Ellipse est egal au costé TQ du triangle EQT. Item que le petit demi-Zodiaque interieur E d est tangente d'vn arc de 23. degrez 30. minutes descript de l'angle T dudit triangle EQT. De plus si nous considerons bien ces triangles EQT, QEO de ladite figure 5. & des autres figures des autres Eleuations : nous verrons, que du triangle QEO de chacune d'icelles fig. ou du triangle EQT qui luy est semblable & egal, le costé QO, ou TE, qui luy est egal, est tousiours le Sinus droict de l'Arc CQ, qui est l'Arc de l'eleuation de l'Equateur de chacune desdites figures ; Item le costé EO, ou TQ qui luy est egal, est tousiours le Sinus de complement du mesme arc CQ ; Item le costé EQ est tousiours Sinus total, demi-diametre, ou rayon de la figure. S'ensuit donc, que pour trouuer la proportion des grands & petits demi-diametres des Ellipses des autres eleuations sur vne seule figure particulier comme sur la figure 5. du Magnetique Elliptique particuliere, pour l'Eleuation de 41. degrez 20. minutes, ensemble la proportion du petit Zodiaque interieur deſdites Ellipſes, il n'y aura autre choſe à faire, ſinon à changer ou multiplier le triangle E Q T, faiſant autant de triangle, qu'il y à de degrez d'Eleuation, tel que le coſté T E ſoit en tous & vn chacun deſdites triangles, touſiours le Sinus droit, de l'Eleuation de l'Equateur particuliere, pour laquelle il eſt fait, au reſpect des autres coſtez; T Q ſoit touſiours le Sinus de complement de la meſme Eleuation au reſpect des autres coſtez &c. Car par le moyen de ces triangles ſeront trouuez les grands demi-diametres des Ellipſes des Eleuations de tous les pays, qui ſeront les ſubtandantes E Q deſdits triangles; Item les petits demi-diametres des mêmes Ellipſes, qui ſerōt les coſtez TQ deſdits triangles; Item ſera auſſi trouué la diſtance du centre E au centre T (duquel il faut d'eſcrire les rayons des Signes, pour trouuer les centres du petit Zodiaque interieur, ainſi qu'il eſt dit en la pratique 3. du §. 1. de la 2. partie) qui ſeront les coſtez T E deſdits triangles.

2. Mais notez que la multiplication & changement ſuſdit du triangle E Q T peut eſtre fait diuerſement. Car nous pouuons changer ledit triangle E Q T, prolongeant ou diminuant les coſtez E Q & T Q, ſans changer

le costé TE, laissant ledit costé TE inuariable ; à celle fin, que les rayons des Signes (que l'on descrits du centre T, conformement à ce qui est prescript en la pratique 3. du §. 1. de la 2. partie, pour trouuer les centres du petit Zodiaque interieur) soient tousjours egaux ; & que par consequent ledit petit Zodiaque soit tousiours le mesme ; & qu'ainsi la mesme figure des mois ou grand Zodiaque & la mesme touche ou Alhidade puisse seruir vniuersellement pour toutes les eleuations.

3. Secondement nous pouuons changer ledit Triangle EQT, prolongant ou diminuant les costez TE & TQ, sans changer le costé EQ, laissant ledit costé EQ inuariable ; à celle fin que les Ellipses de toutes les eleuations ayent vn mesme grand Diametre ; & que les lignes des heures du jour & de la nuict, qui sont les representations des Cercles horaires en cette sorte de Magnetique, soient tousjours les mesmes en quelle eleuation ce soit. Nous pouuons encor changer le mesme Triangle prolongeant ou diminuant les costez, TE & EQ, sans changer le costé TQ, cette derniere façon est innutile, mais les deux premieres nous fournissent des moyens de rendre le Magnetique Elliptique vniuersel, comme il sera dit ez §§ suiuantes.

§. I.

OV EST DONNÉ LE MOYEN DE rendre le Magnetique Elliptique Vniuersel pour tous pays, sans faire aucun changement en la figure des mois du Magnetique Elliptique particulier.

Pratique premiere.

Pour d'escrire les Ellipses de plusieurs eleuations sur le Plan du Magnetique Elliptique, sans changer le petit Zodiaque interieur d'iceluy, ny la figure des mois, comme en la figure 31. 33. & 36.

1. SOIT donné vn Magnetique Elliptique particulier pour l'éleuation de quelque pays par ex. pour l'éleuation de l'Equateur du pays de Lorraine, qui est de 41. degrez 20. minutes, tel que nous l'auons descripts en la 2. partie auec la figure des mois & la touche d'icelle, il est proposé d'adjouster en

Elliptique ou Ouale nouueau. 203

ce Magnetique les Ellipses des autres eleuations, affin qu'il puisse seruir vniuersellement par tout sans rien changer au petit Zodiaque interieur, ny en laditte figure des mois, pour ce faire soit reprise la figure 5. qui est la figure du plan dudit Magnerique Elliptique particulier, ou bien en soit faite vne autre semblable & egale, sçauoir la 31. en laquelle tout soit occulte excepté le Triangle E Q T d'icelle figure 5. duquel nous auons dit le costé E Q (qui est egal au grand demi diametre E B ou E D de l'Ellipse B O D V) estre le Sinus total, & le costé T Q (qui est egal au petit demi-diametre de ladite Ellipse) estre le sinus de complement de l'éleuation de l'Equateur de ce pays, c'est à dire de 41. degrez 20. minutes; & le costé T E estre le Sinus droit de ladite eleuation & d'autant qu'en cette figure, il est question de changer ce Triangle E Q T, & le multiplier, ainsi qu'il est dit au n. 2. de l'auant propos de cette 3. partie, faisant autant de triangle qu'il y à des degrez d'éleuation, en prolongeant & diminuant le costé E Q & le costé T Q du Triangle E Q T, sans changer le costé T E d'iceluy (qui doit demeurer toujours le mesme) en sorte que desdits Triangles multipliez les costez E Q soient le Sinus total, & les grands demi-diametres, & les costez T Q soient les Sinus de complement & les petits demi-diametres des ellipses des autres eleuations. Pour ce sujet, soit du centre E par le point T extreme du costé TE du Triangle EQT, descript le quart du cercle TR & estant ledit costé TE consideré comme rayon & Sinus total de ce quart de cercle, soit le costé TQ, qui touche ledit quart de cercle au point T prolongé tant qu'on voudra, puis estant ledit quart de cercle diuisé en 90. degrez egalement commenceant des le point Horrizontal R, qui seront les degrez des eleuations de l'Equateur, soient menées du centre E des lignes droites par lesdits degrez jusques à la rencontre ou intersection du costè TQ prolongé; icelles seront les secantes des Arcs de toutes les eleuations de l'Equateur, qui couperont la ligne TQ prolongées en des points, qui seront les termes des tangeantes desdites eleuations: partant lesdites secantes & tangeantes, qui au respect du costé TE (pris pour Sinus droits desdites eleuations) soient Sinus total, & Sinus de complement d'icelles eleuations, (comme il appert par ce qui est dit du commencement n. 9. de l'auant propos de la 1. partie) seront les grands & petits demi-diametres des Ellipses desdites eleuations; Si donc lesdites secantes comprises entre le centre E jusques a la rencontre de la tangeante TQ prolongée, soient toutes transportées sur la ligne BD de part & d'autre du centre E, icelles donneront les grands Diametres desdites Ellipses; Item si les tangeantes susdites comprises entre le point T, & les points, où elles sont coupées & terminées par les secantes sont toutes transportées sur la ligne AC prolongée de part & d'autre du centre E vers C & A, icelles donneront les petits Diametres des Ellipses des eleuations requises, ensorte qu'il ne restera plus, qu'à trouuer les points horaires d'icelles Ellipses, & descrire des lignes courbes ou lignes Ouales par lesdits points, pour lesquelles on obseruera ce qui est dit en la pratique premiere & seconde du §. 1. de la seconde partie, touchant la description des points horaires de l'Ellipse BODV, & de la ligne Ouale passant par les points d'icelle. Et notez que les Ellipses des eleuations estantes descriptes, il faudra lier les points horaires de toutes les Ellipses des eleuations de mesme nombre & denomination, par des lignes courbes & Hyperboliques, comme les representent la figure 33. qui seront les representations des Cercles horaires, & cette figure vniuerselle sera acheuée.

Notez donc que cette figure estant grauée au fond de la boitte du Magnetique Elliptique, n'y causera aucune confusion, (car toutes les Ellipses des eleuations se contiendront tellement les vnes les autres, qu'elles ne se couperont, ne toucheront point) & rendra le Magnetique vniuersel, sans qu'il soit besoing de changer le petit Zodiaque interieur, ny la fig. des mois, qui demeurera inuariable de mesme, que le petit Zodiaque.

2. Il est vray que, si en cette figure vniuerselle on descript les Ellipses des eleuations des Pays voisins des Poles du monde, qui demandent vne estenduë notablement plus grande que celle du Magnetique Elliptique particulier pour l'eleuation de ce Pays, la figure des mois demeurant la mesme, sera petite au respect de l'estenduë du fond de la boitte, que requierent lesdits Ellipses; en ce cas, quoy que le petit Zodiaque interieur demeure le mesme que celuy dudit Magnetique Elliptique particulier, on poura bien prolonger la Touche ou Alhidade du grand Zodiaque jusques à vne circonference Elliptique plus grande, pourueu que les clauettes demeurent tousiours en la mesme distance l'vne de l'autre, qu'elles ont audit Magnetique Elliptique particulier. De sorte que rien n'empeschera qu'on ne descriue la figure des mois plus grande sçauoir aussi grande que le fond de la boitte; de laquelle figure le petit

Diametre sera egal au grand Diametre de la plus grande Ellipse (qui est pour la plus grande eleuation) de celles qu'on aura descriptes sur le fond de ladite boitte interieurement & le grand Diametre sera egal à la ligne composée du grand Diametre de ladite Ellipse, & du petit Zodiaque interieur du Magnetique Elliptique particulier de ce Pays.

3. Remarquez, qu'à cause de la grandeur demesurée des Ellipses des Pays plus voisins des Poles, il ne sera expedient de les descrire toutes. Car à quoy bon descrire les Ellipses de ces Pays inaccessibles & incogneus? ains il suffira de descrire les Ellipses de 40. 42. 44. 46. 48. 50. 52. degrez de l'euation de l'Equateur, comme nous auons fait en la figure 36. les espaces d'entre lesquelles seruiront pour representer les Ellipses de 41. 43. 45. 47. & les autres de nombre impaire. Car vn Magnetique, qui contiendra ces seules Ellipses sera bon pour l'Italie, pour l'Espagne, pour la France, & l'Allemagne, & pour tous les autres Pays d'Europe & d'Asie, & sera de mesme vsage en tous lesdits Pays que le Magnetique particulier en celuy cy, sans qu'il y ait aucune difficulté particuliere en iceluy, sinon qu'il faudra tousiours choisir l'Ellipse, ou l'espace d'entre deux Ellipses, qui conuient à l'eleuation du Pays où

l'on est, sur laquelle il faudra pratiquer tout ce qui est dit au §. 1. de la ~~seconde~~ partie touchant les vsages du Magnetique particulier de ce qui est dit cy dessus; notez que pour abbreger la description du Magnetique vniuersel proposé, auquel on veut descrire quantité d'Ellipses de diuerses latitudes ou eleuations du Pole, par exēple les ellipses de 30. à 60. degrez, ou du moins de 40. à 50. estant menée la ligne Verticale BD de la figure 31. & la Meridienne AC, & choisi le point T sur la ligne BD ou on voudra, & menée la ligne perpendiculaire TL, soit le quart de Cercle BC (ou vn plus grand) diuisé en 90. degrez egalement commenceant du point B, & soient menez des rayons occultes du centre E par les diuisions desdits degrez, depuis 30. jusques à 60. degrez, ou du moins depuis 40 jusques a 50. ces rayons couperont la ligne perpendiculaire TL en des points, qui donneront les grands & petits demi-diametres des Ellipses des latitudes ou eleuations du Pole susdit. Car lesdits grands demi-diametres seront les espaces depuis le centre E jusques aux intersections desdits rayons en la ligne TL, & les petits demi-diametres d'icelles Ellipses seront les espaces depuis le point T jusques aux mesmes intersections. Soient donc descripts
seulement

Elliptique ou Ouale nouueau. 209

seulement trois ou 4. Magnetiques particuliers a part, sçauoir celuy de 60. degrez de latitude, celuy de 50. celuy de 40. & celuy de 30. puis soient en chacun trouuez (outre les points horaires de leurs Ellipses) les quatre points du Rhombe, desquels on descript les Arcs, qui composent les lignes Ouales qu'il faut descrite par lesdits points horaires. Ce qu'estant fait, soit pris vn desdits Magnetiques particuliers, par exemple celuy de 60. degrez, ou celuy de 50. & sur le plan d'iceluy soient transportez le point du midy & les points des 6. heures du matin & du soir, item les 4. points du Rhombe susdits de tous les autres Magnetiques, qu'on a descript à part, sçauoir du Magnetique de 50. de 40. & de 30. degrez, & soient desdits points transportez descripts les lignes Ouales d'iceux, ensorte qu'elles passent par les points du midy & des 6. heures d'iceux chacune par les siens, puis sur icelles lignes Ouales soient transportez les points horaires d'iceux sur vne chacune les siens, en mesme distance, qu'ils ont du point du midy ou des 6. heures esdits Magnetiques descripts a part, seront desia par ces lignes Ouales representées les Ellipses desdits Magnetiques particuliers de 60. 50. 40. 30. degrez; par les points horaires desquelles estantes menées des lignes courbes & Hyper-

O

boliques, icelles seront les lignes des heures vniuerselles pour toutes les Ellipses des autres eleuations. Cela fait, pour acheuer ce Magnetique vniuersel c'est a dire pour descrire les Ellipses des eleuations de 32. 34. 36. 38. 42. 44. 46. & les autres de nombres pair, (car les espaces d'entre icelles seruiront pour les Ellipses des eleuations des nombres impairs) d'autant que les lignes horaires susdites donnent desia les heures d'iceux, & qu'il n'y a plus, que les lignes Ouales à descrire, pour representer lesdits Ellipses; il n'y aura plus qu'aprendre les grands demi-diametres d'icelles Ellipses sur la figure 31. qui sont les espaces de puis le centre E jusques où la ligne T L est coupée par les rayons occultes des degrez des eleuations susdites, & les transporter sur la ligne des 6. heures du matin & du soir de part & d'autre du centre E, puis prendre les petits demi-diametres d'icelles sur la mesme figure 31. qui sont les espaces depuis le point T, jusques où la ligne T L est coupée par les mesmes rayons, & les transporter sur la ligne du midy de part & d'autre du mesme centre E, & enfin descrire des lignes Ouales par les extremitez des demi-diametre transportez sur les lignes des 6. heures, & du midy desquelles lignes Ouales on trouuera les centres, si on diuise les espaces d'entre les centres des lignes qui representent les Ellipses de 60. 50. 40. & 30. degrez desia descriptes inegalement suiuant vne certaine proportion conforme à l'inegalité desdits espaces.

Notez secondement, que pour descrire en ce Magnetique vniuersel des Ellipses pour les Estoilles Septentrionelles semblables à la seconde Ellipse, que nous auons prescript au Magnetique particulier, d'autant que ce Magnetique vniuersel suppose & requiert le mesme Zodiaque interieur & exterieur, que le particulier, qui sert vniuersellemēt pour toutes les eleuations, il n'y aura autre chose a faire, sinon à descrire la seconde Ellipse d'vn des Magnetiques particuliers, par exemple de celuy de 60. degrez d'eleuation du pole ou de celuy de 50. puis descrire autour du centre d'icelles les mesmes Ellipses que les precedentes, qui sont descriptes autour du centre E & icelles seruiront pour les Estoilles Septentrionelles, dont est parlé en la seconde partie pratique 7. vers la fin.

Notez troisiesmement qu'on peut bien adjouster en ce Magnetique vniuersel les lieux des estoilles, qui sont joignant l'Eccliptique à l'entour de la figure des mois comme au Magnetique particulier. Car comme le petit Zodiaque intérieur n'est changé ny la figure des mois laquelle est la mesme en ce Magnetique vniuersel comme au particulier, aussi les lieux desdites Estoilles de l'Eccliptique ne sont point changez, ny aussi les lieux des Estoilles Septentrionelles au respect des secondes Ellipses susdites. Mais pour ce qui est des lieux des longueurs des jours, ou des heures du coucher & leuer du Soleil, qui changent selon l'obliquité de l'Equateur ou eleuation du Pole, on ne peut pas les adjouster en la figure des mois de ce Magnetique vniuersel, comme nous auons fait au particulier, sans confusion, à moins que de faire autant de lignes Ouales au milieu de la figure des mois qu'il y a d'Ellipses interieurement: autour desquelles il faudra trouuer les points desdits longueurs des jours, ou des heures du leuer ou coucher du Soleil, sur vne chacune des siennes par le moyen de la figure des rayons des longueurs des jours, ainsi que nous auons prescript en la seconde partie pour le Magnetique particulier.

Mais ce Magnetique vniuersel à cela de propre plus que le particulier qu'il donne de soy mesme les heures du coucher & du leuer du Soleil. Car il n'y a qu'à conduire la Touche de la figure des mois sur le degré, qui conuient au jour distant d'vne demi Année du jour du mois courant, puis tenir la boitte du Magnetique ouuerte, & la tourner jusques a ce que l'Aiguille d'Aimant vienne a estre Parallele à la ligne des 6. heures du soir & du matin, alors l'Aiguille d'Aimant montrera l'heure du leuer & du coucher du Soleil, non sur l'Ellipse de la latitude du Pays, mais sur celle, qui est pour le complement de la latitude du Pays, c'est a dire, sur celle qui est autant distante d'autrepart de l'Ellipse de 45. par exemple les heures que l'Aiguille monstrera sur l'Ellipse de 30. degrez seront les heures du leuer ou coucher du Soleil aux Pays qui ont latitude de 60. degrez & au contraire : pareillement les heures qu'elle monstrera sur l'Ellipse de 32. seront les heures du leuer & du coucher du Soleil, pour les Pays qui ont latitude de 58. & au contraire & ainsi des autres, excepté celle de 45. degrez, sur laquelle l'Aiguille montre les heures du leuer & coucher du Soleil pour les Pays, qui ont 45. degrez d'eleuation du Pole, la demonstration de cecy est trop longue, pour l'inserer icy; je diray seulement que cela prouient de ce que la ligne que l'Aiguille represente lors qu'elle est ainsi Parallele à la ligne des 6. heures est la ligne verticale passant par le centre du Magnetique, laquelle est entre les lignes des heures du soir

& du matin, (Paralleles à ladite Verticale, de quelle eleuation du Pole ou latitude elles soient, au jour ou degré du Signe opposé d'vne demi Année au iour du mois courant ou degré du Signe auquel est le Soleil actuellement) en mesme proportion, comme est la ligne Horizontale entre les sections, ou Diametres des Cercles Almicantaraths passants par les points horaires du Parallel du jour du mois courant, ou du degré du Signe, auquel est le Soleil actuellement pour la latitude ou eleuation du Pole, qui est complement de la latitude ou eleuation susdite; laquelle ligne Horizontale à cette proprieté & office de donner les heures du leuer & du coucher du Soleil, comme il apparoistera à celuy, qui prendra la peine de descrire deux Analemmes particuliers pour deux eleuations ou latitudes qui soient complement l'vne de l'autre & pour deux Signes diametralement opposez.

AVTRE PRATIQVE POVR FAIRE QVN Magnetique Elliptique particulier pour vne eleuation puisse seruir pour vne autre eleuation.

4. SOIT donné vn Magnetique Elliptique fait pour l'eleuation de 45.

degrez 20. minutes de l'Equateur soit proposé de faire seruir la boitte d'iceluy, ie veux dire la figure des mois & la Touche d'icelle qui est en laditte boitte, pour vne autre eleuation, par exemple pour l'eleuation de 45. degrez. Cela est facile, si on adjouste vn papier ou carton bien deslié au fond de la boitte interieurement, sur lequel soient descripts les poincts horaires pour ladite eleuation de 45. degrez ; ce qui se peut faire comme s'ensuit. sçauoir : soit sur vn papier ou carton descript vn cercle de quelle ouuerture on voudra, comme est le Cercle a b c d de la figure 32. ; & soient menez les Diametres Orthogonels A C & b d, dont celuy cy est la ligne des 6. heures, & celuy là la ligne des 12. heures, s'entrecoupâtes au centre E, puis sur l'Arc ou quart de Cercle c b depuis c vers b soit pris l'Arc c q de 45. degrez, qui est l'eleuation de l'Equateur proposée, & soit par le centre E du point q mené le Diametre p q. Item soit aussi mené le Diametre Orthogonel f g, qui sera l'Axe du monde. Cela fait soit auec vn Compas prise justement la distance des deux Clauettes de la touche ou Alhidade de la figure des mois de la boitte du Magnetique Elliptique donné, ie veux dire la distance du centre d'vne Clauette au centre de l'autre Clauette, qui est egale a la moitie du petit Zodiaque interieur dudit Magnetique donné, puis soit cette distance transportée sur le Diametre a c du Cercle a b c d susdit depuis le centre E sur la ligne E a, icelle se terminera a quelque point, comme e, par lequel soit menée vne ligne Parallele a b d, icelle coupera la ligne f g en quelque point comme M, entre E & f, duquel point comme centre soit descript l'Arc R Q, sur lequel soient pris, du point R, 66. degrez & demy, qui font le complement de 23. degrez & demy, plus grande declinaison du Soleil; puis du centre M soit par le terme desdits degrez menée la ligne M Q, icelle coupera la ligne E Q au point Q, & donnera la ligne Q E, qui sera le plus grand demi-diametre de l'Ellipse de 45. degrez d'eleuation de l'Equateur proposée, & par consequent sera le demi-diametre de la figure, qu'il faut faire d'vne pratique semblable a celle de la figure 5. c'est à dire, ainsi qu'il est prescripts en la pratique, du §. 1. de la seconde partie, pour trouuer les points horaires, qui conuiennent à l'eleuation de 45. degrez proposée: soit donc du centre E par le point Q, descript vn nouueau Cercle, sçauoir le Cercle A B C D pour circonference de la ditte figure, qui coupera les Diametres a c, b d, ez points; A c, B, D, Horizontaux, & Verticaux; Item les Diametres f g, p q ez points F, G, P, Q, Polaires & Equinoctiaux, puis par le point Q soit meneé la ligne Q O Parallele a B D coupant la ligne A C au point O, & du centre E soit descript par O le Cercle O Z V, & soit pratiqué tout le reste, qui est prescript en laditte pratique 1. du §. 1. de la 2. partie ; sera faite la figure des poincts horaires particuliere pour l'eleuation de 45. degrez de l'Equateur proposée, en laquelle figure il ne restera plus, qu'à descrire les lignes Ouales Paralleles prescriptes en la pratique 2. du §. 1. de la 2. partie, pour la description du Rouleau des heures. Apres quoy il faudra aussi descrire les demi Cercles prescripts au n. 15. du §. 1. de la 2. partie, des centres e, e' extremes du petit Zodiaque interieur du Magnetique donne, lesquels demi Cercles donneront l'espace interieur de la boitte & la grandeur & figure, que doit auoir ce papier ou carton, qui doit estre mis au fond de la boitte, car il faudra retrancher d'iceluy tout ce qui est hors de ces demi Cercles, affin qu'il entre en la boitte, & puis estre attaché au fond d'icelle auec vn peu de Gomme Arabic, en telle sorte & disposition que la ligne A C d'iceluy soit vnie à la ligne du midy du Magnetique, & de 41. d'eleuation qui est graué au fond de la boitte;

Item que pareillement la ligne B D soit vnie a la ligne des 6. heures dudit mesme Magnetique. Mais auparauant doit estre faite vne fente audit papier ou carton en la ligne A C semblable a celle du fond de la boitte, pour faire passage au Stil ou piuot mobile de l'Aiguille d'Aimant. Et ainsi la boitte du Magnetique donnée seruira pour l'eleuation de 45. degrez, &c.

Et remarquez que par cette pratique vn Magnetique Elliptique pourra estre fait Vniuersel, sçauoir, si on fait ainsi que dit est plusieurs petits Cartons semblables, sur vn desquels soit descript le rouleau des heures pour l'éleuation de 40. degrez d'vne part, & le rouleau des heures pour l'éleuation, de 41. degrez d'autrepart. Et sur vn autre soit descript le Rouleau des heures de l'éleuation de 42. degrez d'vnepart, & le Rouleau des heures pour l'éleuation de 43. degrez d'autrepart, & ainsi des autres, lesquels Cartons on reseruera en quelque lieu, comme dans le creu d'vne des couuertures de la boitte, pour appliquer au besoing au fond de la boitte, celuy qui sera pour l'éleuation du pays, où l'on se trouuera. Et notez qu'au lieu de ces petits Cartons, on pourra (si on veut) faire des petites plaques de cuiure ou d'argent, qui seront plus durables & meilleurs &c.

§. II.

OV SONT DONNEZ
diuers autres moyens de rendre Vniuerſel le Magnetique Elliptique.

1. IL eſt euident par ce qui eſt dict en l'auant propos de cette 3. partie, que ſi en la figure 5. qui eſt la figure des poincts horaires du Magnetique Elliptique particuliere pour l'eleuation de 41. degrez 20. minutes de l'Equateur, le Triangle EQT eſt changé, comme il eſt dit au n. 3. dudit auant propos, ſçauoir en ſorte que le coſté EQ demeure touſiours le meſme en grandeur & les autres coſtez TE & TQ ſoient prolongez ou diminuez, comme il eſt dit, on aura les dimenſions des petits & grands Diametres des Ellipſes des autres eleuations, leſquels on pourroit deſcrire, enſorte qu'elles ſoient toutes concentriques au centre E de ladite figure 5. affin qu'elles n'ayent toutes qu'vn grand Diametre commun, qui ſera le Diametre BD, & qu'elles ayent les lignes des heures du jour & de la nuict auſſi communes comme on voit en

la figure 35. Mais il y aura cette incommodité en cette sorte de Magnetique Vniuersel, que le petit Zodiaque interieur sera variable, & la figure des mois ou grand Zodiaque exterieur par consequent ; à raison que le costé T E du Triangle E Q T sera changé, aussi bien que le costé E Q, à quoy nous pourrons remedier, comme nous dirons ez pratiques suiuantes. Voyons la description des Ellipses susdites, qui seront vn acheminement à vn Horologe Magnetique Vniuersel, duquel ie donne la construction au §. suiuant.

Pratique premiere

POVR D'ESCRIRE LES

Ellipses des eleuations de tous les Pays, sur le Plan du Magnetiques Elliptique, sans changer les lignes des heures du jours & de la nuict, qui representent en iceluy les Cercles horaires : comme en la figure 35.

1. SOit reprise la figure 5. ou bien en soit faite vne autre toute semblable & egalle sçauoir la figure 35. en laquelle tout soit occulte, excepté le Triangle EQT & les

Elliptique ou Ouale nouueau. 221

lignes des heures du jour & de la nuict Paralleles a la ligne du midy A C soit l'Arc C B d'icelle fig. diuisé en 90. degré egalement, & soient menez par les diuisions des rayons occultes du centre E jusques a la circonference: de plus par lesdites degrez soient menées des lignes Parallelles a A C seront faits autant de Triangles Rectangles, qu'il y a de degrez d'eleuations, desquels les subtendantes ou costez E Q sont les rayons de demi-diametres de la figure : puis-donc que lesdites subtendantes sont egales l'vne à l'autre & au demi-diametres de la figure, s'ensuit que toutes les Ellipses des eleuations, qui ont pour grands demi-diametres lesdites subtendantes, pourront estre descriptes sur le Diametre B D de la figure 5. ou 35. susdites pris pour le grand Diametre commun de toutes ; Et pour ce qui est des petits Diametres d'icelles Ellipses, d'autant que les costez T Q des Triangles susdites, qui sont les Sinus des complemens des eleuations de l'Equateur, sont les petits demi-diametres des Ellipses requises, ainsi que nous auons dit du commencement de cette 3. partie : soient pris auec le compas les costez T Q de tous les Triangles susdite, & soient iceux transportez sur la ligne A C de part & d'autre du centre E, puis soient descriptes lesdites Ellipses, obseruant pour la description de toutes & vne chacune d'icelles, ce qui est prescript en la pratique 1. & 2. du §. 1. de la 2. partie pour la description de l'Ellipse B O D V.

3. Sur quoy Remarquez, que lesd. Ellipses estantes toutes egales en la longueur de leur grand Diametre commun B D representent toutes vn mesme Cercle encliné ou eleué diuersement, sçauoit l'Equateur encliné ou eleué selon les diuers degrez d'eleuations, qu'il peut auoir en diuers pays, & les lignes & heures du jour & de la nuict susdites representent (outre les Cercles horaires susdits) encor d'autres Cercles de la Sphere, qui sont certains Cercles Paralleles au Meridien passants par les points horaires de l'Equateur, dont à esté fait mention en la 1. partie §. 2. n. 5. d'où j'infere qu'on poura faire vne autre sorte de Magnetique Vniuersel en vne boitte concaue, dans la concauité de laquelle soit mis vn Cercle mobile sur les points des 6. heures B & D comme Poles, diuisé en 24. heures egalement, lequel representera ledit Equateur encliné ou eleué de quelle eleuation on voudra. Car par ce moyen, l'Equateur qui est representé en la figure 35. eleué en tous les degrez de ses eleuations possibles par des Ellipses c'est à dire perspectiuement & ainsi qu'il apparoist à l'œil; sera en

cette concauité reprefenté par ce Cercle mobile Geometriquement, tel qu'il eſt en effet en toutes leſdites eleuations poſſibles. Et ce Cercle reprefentera non feulement l'Equateur, mais auſſi tous les Paralleles de l'Equateur par l'approche ou reculement du centre de l'Aiguille d'Aimant, ainſi qu'il à eſté monſtré en la 1 partie, §. 2. & 3.

4. Remarquez de plus que faifant la defcription des Ellipfes des eleuations de cette figure vniuerfelle, reprefentée par la 35. en obſeruant pour toutes & vne chacune d'icelles, ce qui eſt dit en la pratique 1. du §. 1. de la 2. partie, qui prefcript de les defcrire par les lignes des heures du jour & de la nuiĉt Paralleles à A C, & par les lignes des heures du foir & du matin Paralleles à B D, dont les interfections mutuelles font les points horaires defdites Ellipfes. Tout le changement ne confiſte qu'à defcrire de nouuelles lignes des heures du foir & du matin. Car pour ce qui eſt des lignes des heures du jour & de la nuiĉt, celles de la figure 5. ou 35. font vniuerfelles & inuariables pour toutes les eleuations de l'Equateur : & n'y a que les lignes des heures du foir & du matin qu'il faille changer en chaque Ellipfe, enquoy toutes-fois eſt obferuée vne telle regularité, que les lignes des heures du foir & du matin d'vne

Ellipse se retrouuent en mesme proportion auec les lignes des heures du soir & du matin d'vne autre Ellipse, comme le Sinus de complement de l'eleuation de l'vne, au Sinus de complement de l'eleuation de l'autre. D'où j'infere qu'on poura faire vne autre espece de Magnetique vniuersel auec des petits filets d'Argent ou d'autre matiere, par le moyen desquels on representera les lignes des heures du jour & de la nuict inuariables, & les lignes des heures du soir & du matin variables, si on les dispose, comme le represente la figure 40. pour ce faire soit repris le Cercle A B C D de la figure 35. en ladite figure 40. item les lignes des heures du jour & de la nuict, & soient faits des petits trous ez extremitez desdites lignes des heures prolongées jusques ez Tangentes P P, Q Q, & par ces trous soient bandez des filets d'Argent au long desdites lignes horaires, dans lesquels soient enfilez des petites perles, pour representer les points horaires ; il est euident que ces filets representeront les lignes des heures du jour & de la nuict vniuersellement pour toutes les eleuations; de plus soit prolongé le Diametre B D du Cercle A B C D du costé de B, & de D, & sur ledit Diametre prolongé, soit pris auec le compas hors du Cercle A B C D la ligne B H du costé de B.

Elliptique ou Ouale nouueau. 225

de B, & la ligne DI du cofté de D egales au demi-diametre EB dudit Cercle ABCD, puis ez points H & I foient apliqué les centres de deux Cercles PFQ, PGQ de cuiure ou d'autre matiere egaux au Cercle ABCD enforte qu'ils puiffent tourner autour defdits centres H & I ; puis fur ces Cercles de cuiure foit mené le Diametre PQ, & le Diametre Orthogonel FG, puis eftants ces Cercles diuifez en 24. egalement commenceant par les points P & Q foient par les diuifions menées des lignes Paralleles à BD, ces lignes couperont le Diametre PQ de l'vn & l'autre Cercle en des points, qui feront les points horaires du foir & du matin de l'Equateur, & reprefenteront les lignes des heures du foir & du matin ; foient donc faits des petits trous efdits points horaires du Diametre PQ de l'vn à l'autre Cercle, & par ces trous foient bandez des filets d'Argent ou d'autre matiere enforte qu'ils foient Paralleles l'vn à l'autre & vnis aux lign. des heures du foir & du matin fufdites, & foient iceux enfilez par les perles des heures fufdites, vn chacun par la fienne (pourquoy il fera neceffaire, que lefdites perles foient toutes percées de deux trous perpendiculairs l'vn à l'autre, par l'vn defquels paffe le filet de l'heure du jour & de la nuict, & par l'autre paffe le filet de

P

l'heure du soir & du matin de mesme nombre & denomination) il est euident, que si on tourne les Cercles PFQ & PGQ autour de leurs centres, en sorte que le Diametre PQ de l'Equateur ait a lmesme eleuation ou obliquité au respect de la ligne AC, que l'Equateur celeste a au respect de l'Horizon, les filets d'Argent desdits Cercles representeront tousiours en quelle obliquité & eleuation que puisse estre ledit Diametre PQ, les lignes des heures du soir & du matin de ladite eleuation, & par consequent les perles susdites qui se trouueront tousiours ez intersections, où des filets des heures du jour & de la nuict entrecoupent les filets des heures du soir & du matin seront les points horaires d'icelle eleuation: (ainsi qu'il appert par ce qui est dit au n. 10. du §. 2. de la 1. partie touchant la description des Ellipses) partant ces filets feront vn Magnetique vniuersel.

5. Remarquez de plus qu'on peut faire vn autre Magnetique vniuersel plus simple; si on fait seulement vn Cercle de cuiure semblable au Cercle PFG precedent de la figure 40. duquel le Diametre PQ soit diuisé ez points horaires du soir & du matin, comme au precedent, puis on fait vne petite regle ou Curseur representée par la figure 27. sur laquelle soient grauées les heures du jour & de la nuict

ez mesmes distances qu'elles ont en la ligne BD. Car il est euident que si ce Cercle est tourné autour de son centre, ensorte que le Diametre PQ ait l'eleuation & obliquité au respect de la ligne AC, que l'Equateur celeste a au respect de l'Horizon, & que ladite regle, demeurant Parallele à la ligne BD, soit auancée ou reculée selon la ligne du midy AC, ensorte que le point des 12. heures d'icelle regle ne quitte jamais la ligne du midy AC, les autres points horaires de la regle descriront les lignes des heures du jour & de la nuict, & feront le mesme office que les filets des heures du jour & de la nuict Parallels à AC; & la mesme regle estant arrestée sur le point de quelque heure du soir & du matin du Diametre PQ, icelle representera la ligne de ladite heure du soir & du matin, & fera le mesme office que le filet Parallel à BD qui passe par ladite heure du Diametre PQ, par consequent le point de la mesme heure graué sur la regle representera l'intersection de la ligne Parallele à AC, & de la ligne Parallele à BD appartenante à mesme heure, & fera le mesme office, que la perle qui represente le point de ladite heure. D'où il appert que ce seul Cercle de cuiure auec ladite regle ou Curseur seruira d'vn Horologe Magnetique vniuersel; si nous trouuons moyen d'y adjouſter vne figure des mois ou grand Zodiaque, tel qu'au Magnetique Elliptique particulier.

6. Voila 4. moyens de rendre cet Horologe Magnetique Vniuerſel, qui ſeroient aſſez commodes & faciles n'eſtoit que le petit Zodiaque interieur eſt variable, & qu'il n'y à point de moyen de reduire cette varieté & changement dudit petit Zodiaque, qui ne requiert beaucoup de pieces difficiles à ajuſter, ſinon le ſuiuant qui eſt de deſcrire ſur le fond de la boitte exterieurement du centre E le Cercle A B C D (comme nous auons fait en la figure 39) de meſme Diametre, que le Cercle A B C D de la figure Vniuerſel ſuſdite puis les Diametres Orthogonels A C & B D (dont celuy-la eſt le Meridien & celuy cy le Vertical) puis du centre E les rayons des ſignes de la figure 13. de part & d'autre de la ligne E B & E D priſe pour le rayon de Belier & de la Balance, & eſtants diuiſez les quarts de Cercle B A, B C, D A, D C en 90. egalement mener par les diuiſions des lignes Paralleles à A C coupantes & trauerſantes les rayons des ſignes : car ces lignes trauerſantes ainſi leſdits rayons donneront les diuerſes latitudes du petit Zodiaque interieur en toutes les eleuations de l'Equateur, par leſquelles ſont menées leſdites lignes

Paralleles. Et cette figure seruira pour auancer ou reculer le Stil ou piuot mobile de l'Aiguille d'Aimant, comme il est requis si estant faite vne fente au fond de la boitte en la ligne A C au long du petit Zodiaque interieur, on attache ledit Stil ou piuot mobile à vne petite regle de cuiure Parallele à la ligne B D, laquelle estant auancée ou reculée sur le fond exterieurement jusques à ce qu'elle vienne à couper le rayon du signe auquel est le Soleil, en la ligne Parallele de l'eleuation du pays, portera par ladite fente le centre de l'Aiguille d'Aimant justement, ou il faut. Et notez qu'au lieu des rayons des Signes du Zodiaque, on peut descrire les rayons des mois, sçauoir ceux de la demi année ascendante, qui contient vne partie de Decembre Ianuier, Feburier, Mars, Auril, May entiere & vne partie de Iuin d'vne part; & ceux de la demi année descendente, qui contient la partie restante de Iuin, Iuillet, Aoust, Septembre, Octobre, Nouembre entiere & vne partie de Decembre. &c.

7. Autrement, cette varieté du petit Zodiaque interieur pourra estre encor reduitte à regularité: Si estant le Stil ou piuot mobile de l'Aiguille d'Aimant attaché à vne petite Regle Parallele à B D semblable à la precedente, qui puisse estre auancée ou reculée sur ledit fond

extericurement comme il est dit cy dessus, on fait vn petit Cercle de cuiure sur le Diametre duquel soient transportez les centres des Signes ou des mois du plus grand de tous les petits Zodiaques interieurs ; lequel Cercle on applique sur ledit fond exterieurement à costè du centre E en la ligne B D, sur vn centre, autour duquel il puisse estre tourné, car si ledit Cercle est tourné autour de son centre, en sorte que le ledit Diametre d'iceluy ait au respect de la ligne B D l'eleuation de l'Equateur & la Regle susdite est auancée ou reculée sur le fond exterieurement jusques à ce qu'elle vienne à couper ledit Zodiaque au degré du Signe, ou iour du mois courant, icelle Regle portera le centre de l'Aiguille d'Aimant justement, où il faut, pour trouuer l'heure par ces Magnetiques, &c.

8. Cette mesme varieté du petit Zodiaque interieur pourra aussi estre reduitte à regularité par vne figure des mois ou grand Zodiaque exterieur semblable à celuy du Magnetique Elliptique, comme nous verrons au §. suiuant, où ie reduis en pratique le 4. moyen susdit de rendre le Magnetique Vniuersel par vn Curseur, qui des 4. moyens susdits est le plus propre, & le plus commode.

§. III.

OV EST DONNE'E LA construction d'vn Magnetique vniuerfel nouueau, qui a l'aide d'vn Curfeur montre les heures par l'Aiguille d'Aimant, & auffi par vn perpendicule.

1. CEt Horologe vniuerfel nouueau eſt tres commode quoy que l'vſage en paroiſt d'abord difficile, à cauſe du Curſeur qu'il faut mouuoir à chaque fois, pour trouuer l'heure par iceluy, ce qui n'eſt point ordinaire aux autres Horologes: mais l'inuention de ce Curſeur ne doit eſtre trouuée eſtrange; puis que les plus beau inſtruments de la Mathematique, comme eſt l'Aſtrolabe de Roias, & les autres Aſtrolabes ont beſoing de ſemblables Curſeurs. Ie pourois mettre cet Horologe au nombre des Aſtrolabes, à raiſon de ces vſages & vtilitez & le conſtruire ſur vn grand plan auec vne Alhidade tournant autour de ſon centre, & le Curſeur ſuſdit, à mode des autres Aſtrolabes, mais comme mon deſſein n'eſt autre que de traicter des Magnetiques Elliptiques, je deſcriray ce nouuel Horologe

au fond d'vne boitte, comme le Magnetique Elliptique, pour s'en feruir auec l'Aiguille d'Aimant; ce qui n'empeſchera pas, qu'au beſoing on n'ouure la boitte, pour appliquer au lieu de l'Aiguille, vn perpendicule, pour trouuer l'heure par iceluy, & pour trouuer la declinaiſon de l'Aiguille vniuerſellement par tout le monde.

Pratique premiere.

POVR LA CONSTRVCtion de l'Horologe Magnetique vniuerſel propoſé.

2. L'HOROLOGE Vniuerſel proppoſé, quoy que conſtruiɔ̀t à l'imitation du Magnetique Elliptique particulier, en eſt neantmoins different en ce que l'Aiguille eſt immobile au centre de la boitte, & les heures mobiles au contraire dudit Magnetique Elliptique, où les heures ſont immobiles, & le centre de l'Aiguille d'Aimant mobile.

La boitte de cét Horologe doit eſtre quarré ou oblongue, compoſée de 3. pieces principales; ſçauoir du fõd qui pourra eſtre d'yuoir;

du corps de la boitte; qui pourra eſtre d'Ebenes ou d'yuoir; & de la couuertuture qui ſera d'yuoir conformement au fond de la boitte: la grandeur deſquelles pieces depend de la figure de cét Horologe Vniuerſel; que nous deuons d'eſcrire au fond d'icelle boitte. C'eſt pourquoy auant que commencer la boitte dudit Horologe ſoit fait le deſſein ou figure d'iceluy comme s'enſuit: ſçauoir ſoit deſcript premierement le Cercle FQ, GP, comme en la figure 44, repreſentant le Meridien, lequel ſoit diuiſé en 4. quarts par les Diametres Orthogonels PQ & FG, dont celuy cy eſt l'apparence de l'Equateur ſur le plan dudit Meridien, & celuy la l'apparence de l'Axe du monde. Cela fait, eſtant le demi-cercle PFQ pris pour le demi-cercle Oriental de l'Equateur, & le demi-cercle PGQ pour le demi-cercle Occidental d'iceluy, ſoient leſdits demi-cercles diuiſez chacun en 12. heures ou parties egales, & par les diuiſions ſoient menées des lignes occultes Paralleles à FG; icelles couperont le Diametre & apparance PQ de l'Equateur en des points qui ſerōt les points des heures du ſoir & du matin de l'Equateur, conformement a ce qui eſt dit au n. 3. du §. 2. de la 1. partie; ſoit de plus du point Q, ou du point P deſctipts les Rayons des ſignes de la fig. 13. du moins ceux des Tropiques de Cancer

& de Capricorne de part & d'autre de la ligne QE ou PE prise pour le rayon du Belier & de la Balance jusques à l'intersection de l'Axe FG, ces Rayons donneront en la ligne FG les centres du plus grand de tous les petits Zodiaques interieurs; Item ces mesmes Rayons seront les demi-diametres des meridiens & Horizons inegaux au respect des Paralleles des Signes, qui suiuant la supposition de cette sorte d'Horologe sont supposez tous egaux les vns aux autres. D'où s'ensuit que si de plus les quarts de Cercles QF & PF du Cercle QFPF sont diuisez en 90. degrez, & par les diuisions sont menées des lignes Paralleles à FG, icelles couperont, tous & vn chacun desdits Rayons des Signes pris pour les demi-diametres des Horizons inegaux, en des points, qui seront les points, ou ils sont coupez par les Almicantaraths vn chacun des siens. Et cette figure ainsi descripte seruira à trouuer les dimensions de la boitte, & autres pieces de ce Magnetique vniuersel comme s'ensuit.

3. Estant preparée vne planchette d'yuoir ou de buis quarré ou oblongue pour le fond de la boitte representée par la figure. 42. soit du centre d'icelle planchette, sur l'vne & l'autre face d'icelle, descript le Cercle ABCD de l'interualle du plus grand rayon MQ des Si-

gnes du Zodiaque defcripts cy deffus en la figure 44. fçauoir du Rayon du Tropique de Cancer ou de Capricorne ou d'vn plus grand interualle, fi on veut, & foit iceluy diuifé en quatre quarts par les Diametres Orthogonels A C & B D, & chaque quart de Cercle foient diuifez en 90. degrez commencant des points B & D, ces deux Cercles ainfi diuifez feruiront l'vn, (fçauoir l'exterieur) pour donner les degrez des eleuations du Pole, ou latitudes des Pays, comme nous dirons cy-apres; & l'autre, fçauoir l'interieur, pour donner les degrez de l'Horifon, & auffi pour les degrez du Meridien comme nous dirons au §. fuiuant. Cette planchette doit eftre percée d'vn grand trou circulaire, dont le Diametre foit vn peu plus grand que le petit Zodiaque M E M de la figure 44. Sur la face exterieure de ce fond, il faudra appliquer vne plaque de cuiure ou d'argent, fur laquelle foit grauée la figure des mois femblable à celle du Magnetique Elliptique particulier, en la circonference Elliptique, de laquelle foient defcripts les mois & degrez d'iceux comme le reprefente la figure 41., & au centre d'icelle foit appliquée vne touche ou Alhidade tournante en Ellipfe, fuiuant laditte circonference par le moyen de deux clauettes : comme à celle du

Magnetique Elliptique particulier ; & ladité plaque de la figure des mois ou grand Zodiaque debura tourner circulairement autour du centre de la face exterieure dudit fond, affin que la ligne des Equinoxes d'icelle figures des mois, qui passe par le 21. Mars, & le 23. Septembre, puisse estre menée sur le degré de l'eleuation du Pole en vn des quarts du Cercle A B C D descript sur la face exterieure dudit fond.

4. Pour cette figure des mois donc soit preparée vne plaque ou planchette de cuiure ou d'argent circulaire egale audit Cercle A B C D; par le centre de laquelle soient menées les lignes Orthogonels B D & N L, dont celle là sera la ligne des Equinoxes, & celle-cy la ligne des Solstices; & estant du centre E sur la ligne N L transportée la ligne E M moitié du petit Zodiaque interieur de la figure 44. de part & d'autre dudit cêtre E, qui se terminera ez points e, e, de part & d'autre dudit centre, soient desdits points è e prise auec le compas l'interualle e N ou e L compris entre le point e & la circonference de la plaque de cuiure ou d'argent de mesme part, & soit ceste interualle transportée du centre E de la mesme plaque sur la ligne B D de part & d'autre dudit centre, qui se terminera ez points B & D ; sera trouuée la ligne B D petit Diametre de la circonference

Elliptique ou Ouale nouueau. 237

de la figure des mois, au respect de la ligne N L prise pour le plus grand Diametre d'icelle figure, soit maintenant descripte la circonference ouale de ladite figure des mois, ainsi qu'il est prescript en la pratique 4. du §. 1. de la 2. partie, & soit icelle diuisée en 12. mois de l'année, & chaque mois soit subdiuisé en 10. degrez chacun vallant 3. iours enuiron, ainsi qu'il est prescript en la pratique 5. du mesme §. Item soient marquez les lieux des Estoilles autour de laditte figure, ainsi qu'il est prescript en la pratique 7. du mesme §. de plus soient faites les deux fentes Orthogonels au centre de ladite fig. l'vne au long de la ligne N L, l'autre au long de la ligne B D : puis soit faite vne Touche ou Alhidade semblable à celle du Magnetique Elliptique auec vn petit escusson, & les deux clauettes, qui la font tourner en oual, l'vne pour entrer en la fente N L, l'autre pour entrer en la fente B D distantes l'vne de l'autre de la distance de la moitié du petit Zodiaque de la figure 44., le tout ainsi qu'il est prescript en la pratique 8. dudit §. 1. de la 2. partie.

5. De plus d'autant qu'en cét Horologe Vniuersel ce n'est pas le centre de l'Aiguille, qui est mobile, ains vne petite plaque de cuiure, sur laquelle sont grauez les points horaires de la figure 44. il faudra, pour supporter

le centre d'icelle Aiguille au milieu ou centre de la boitte (c'est à dire au centre A B C D) faire vn petit bras de cuiure portant le Stil ou piuot de ladite Aiguille ou bien (ce qui sera plus commode) il faudra souder vn petit filet de cuiure au milieu de la fente N L semblable à celuy, que nous auons prescript au n. 43. du §. 1. de la 2. partie ; puis souder ledit Stil ou piuot de l'Aiguille au milieu dudit filet de cuiure iustement au centre du Cercle A B C D, & fendre la clauette L auec vne lime, ainsi qu'il est dit audit n. 43. Ce qui sera facile en cét Horologe Vniuersel ; à raison que la figures des mois deuant tourner circulairement au centre du fond de la boitte, & que pour ce il faut qu'à cette plaque soit attaché vn Cercle qui entre iustement dans le grand trou du fond de la boitte, pour estre le centre du mouuement Circulaire dudit Zodiaque, & que sur ledit Cercle doit estre de plus attaché interieurement vn autre Cercle plus grand, pour empescher que la plaque de ladite figure des mois ne se separe du fond de la boitte, au milieu desquels deux Cercles, il faudra faire les mesmes fentes Orthogoncles susdit. du moins celle, qui est au long de la ligne N L ; on pourra souder ledit filet de cuiure en la fente de ce dernier Cercle de cuiure interieur, ou bien

Elliptique ou Ouale nouueau. 239

faire deux fentes en iceluy joignant l'vne l'autre selon la ligne N L au lieu d'vne, dont la separation soit ledit petit filet de cuiure requis ainsi que le represente la figure 27.

6. Maintenant il faut descrire la figure 44. sur vne petite plaque de cuiure ou d'Argent, sçauoir le Rhombe Q M P M auec les points horaires du soir & du matin, & les nombres d'iceux, lequel Rhombe debura auoir vne fente en la ligne M M depuis le point M d'vne part jusques a l'autre point M d'autre part, pour passer le Stil ou piuot de l'Aiguille d'Aimant, & ce Rhombe debura estre attaché à la clauette L; ensorte que le centre d'icelle clauette soit vni au centre de ce Rhombe, & que la ligne M M, responde à la ligne N L du grand Zodiaque exterieur.

Et notez qu'il sera bon d'attacher, ou souder au Rhombe susdit deux petits boutons ou points ez extremitez M, M, d'iceluy, qui entrent en la grande fente N L du Cercle interieur susdit prolongée jusques à la circonference d'iceluy depart & d'autre, pour empescher que le Rhombe susdit ne varie deçà ny delà en son mouuement.

7. Pour ce qui est maintenant du Curseur, ce doit estre (pour bien faire,) vn fond mobile, c'est a dire vne planchette de cuiure quar-

Q

rée ou oblongue comme la represente la figure 43. ayant vne fente en la ligne du midy A C pour y passer le Stil ou piuot de l'Aiguille d'Aimant, & cette planchette doit estre tellement ajustée, qu'elle coule sur le fond interieurement selon la ligne N L ou A C, ensorte que le costé B D d'icelle soit tousiours Parallel au Diametre B D du Cercle A B C D & puisse estre tirée & menée par le dehors de la boitte. Sur ce Curseur deburont estre graués les points horaires des lignes des heures du jour & de la nuict; sçauoir sur le costé B D d'iceluy depart & d'autre du point A, qui est le point du midy en mesmes distances, comme les points horaires du soir & du matin en la ligne P Q. Ce qu'estant fait, seront acheuées toutes les pieces de cet Horologe vniuersel, excepté la couuerture, sur laquelle d'vne-part, il faudra grauer vn quart de Cercle, & au centre d'iceluy y appliquer vn perpendicule, & d'autre part, il faudra y attacher vn directoir, tel que nous l'auons descript en la pratique 11. du §. 1. de la seconde partie, &c. Pour ce qui est des vsages de ce Magnetique Vniuersel voyez les à la fin de ce Traicté.

Que si on treuue incommode de faire les 3. Cercles susdits, & la fente de la ligne N L si large, que pour comprendre les deux fentes

Paralleles, & le filet de cuiure representé par la figure 27.; on pourra troüer tout le Cercle A B C D de la figure 42. d'vn trou de tel Diametre que la plaque representée par la figure 41. (que ie suppose estre parfaitement circulaire) y puisse entrer & tourner; & l'arrester par des petits tenons, ou par des petits rebords, qu'elle ne puisse sortir de ce trou de part n'y d'autre. Et en ce cas on condamnera vne desdittes fentes Paralleles, n'en faisant qu'vne joignant la ligne N L, longue d'vn bout a l'autre de la figure des mois : ce qu'estant fait, il faudra aussi retrancher de la clauette L la partie, qui debuoit entrer en la fente condamnée, mais il faudra que laditte clauette ait vne teste ronde, ainsi que nous auons dit au n. 31. du §. 1. de la 2. partie. qui trouuera sa place entre la plaque susdite & la Touche sans escusson lequel on condamnera aussi; de plus il faudra qu'estant soudée la pointe ou piuot de l'Aiguille d'Aimant au centre de la plaque susdite, & la fente faite en la piece Rhombe, pour passer ledit piuot; on attache les 2 petits boutons mentionnez cy dessus à costé de la ligne M M dudit Rhombe, en sorte qu'ils entrent & puis couler au long de la fente N L de la plaque susdite.

Fin de la troisiéme partie.

QVATRIESME PARTIE.

EN LAQVELLE SONT donnez les vsages des Magnetiques particuliers & vniuersels, dont nous auons donné la construction ez parties precedentes.

§. I.

OV SONT DONNE'ES LES VSAGES du Magnetique particulier, ensemble du Magnetique vniuersel, dont à esté traité au §. 1. de la 3. partie

I.

LE Magnetique particulier, que nous auons descript en la 2. partie, & l'vniuersel que nous auons descript en la pratique 1. du § 1. de la 3. partie, n'estants differents l'vn de l'autre, sinon en ce que le particulier n'a qu'vne seule Ellipse, ou plustost les points horaires d'vne seule Ellipse representante (sur le plan dudit Horologe) le Parallel que descrit le Soleil journellement, selon l'obliquité ou inclination, qu'il a en effet au respect de l'Horizon du Pays, pour lequel il est fait : & l'vniuersel à plusieurs Ellipses representantes le mesme Parallel du Soleil diuersement, selon les diuerses obliquitez ou inclinations, qu'il a au respect de l'horizon de plusieurs Pays, (chacune desquelles Ellipses consideree à parte soy n'est autre qu'vn Magnetique particulier, pour les Pays qui ont la latitude ou eleuation du Pole, pour laquelle elle est faite, en sorte que toutes lesdites Ellipses ensemble font vn composé de plusieurs Magnetiques particuliers, pour l'vsage de chacun desquels il faut obseruer les mesmes pratiques) il s'ensuit que les vsages du Magnetique particulier & de l'vniuersel susdit ne sont differents, & que les pratiques que nous donnerons en ce §. seront communes a l'vn & a l'autre.

Notez donc que le Magnetique particulier & l'vniuersel susdit contiennent chacun trois fig. principales, dont la premiere est celle qui est grauée sur le fond de la boitte interieurement soubs l'Aiguille d'Aimant, que nous appellons la figure des heures. La seconde est celle qui est sur le mesme fond exterieurement, que nous appellons la figure des mois de l'an.

née. Et la troisiéme est cét arc divisé en degré, qui est dans le creu de la couuerture superieure de la boitte que nous appellons la figure des degrez de la declinaison de l'Aiguille d'Aimant, laquelle n'est necessaire, qu'ez lieux, où l'Aiguille decline du vray nort.

2. Pour l'vsage de la figure des heures du Magnetique particulier (qui est representée par la figure 19.) il n'y a point de difficulté. Car puisque ladite figure ne contient que les points horaires d'vne seule Ellipse, lesquels vous voyez en vn rouleau, ledit Magnetique estant tourné à l'endroit du Soleil, comme il sera dit cy apres, l'Aiguille d'Aimant montrera entre lesdits points horaires dudit rouleau, quelle heure il est, sans autre difficulté. Mais pour l'vsade la figure des heures du Magnetique vniuerselle susdit, (representée par la fig. 36. qui est vniuersel pour la France, l'Espagne, l'Italie & pour vne partie de l'Allemagne, & qui peut estre plus vniuerselle, si on y adjouste d'auantage d'Ellipses) il y a plus de difficulté. Car puisque outre les lignes horaires Hyperboliques, que vous voyez notées des nombres des heures, ladite figure contient 6. Ellipses, dont la moindre est pour la latitude de 40. degrez; la suiuante pour la lat. de 42. la 3. pour la lat. de 44. & les autres de suitte, pour les autres lati-

Elliptique ou Ouale nouueau.

tudes des nombres pairs pris d'ordre, sçauoir pour les lat. de 46. 48. 50. (les espaces d'entre lesquelles Ellipses seruent pour les Ellipses des latitudes de nombres impairs. Car chacune d'icelles espaces estants coupées par lesdites lignes horaires donnent par leurs intersections les points horaires pour leur latitude en particulier) il s'ensuit que pour l'vsage de cette figure vniuerselle, il faut sçauoir auparauant la latitude du Pays où l'on est, ou bien la trouuer comme il sera dit en la pratique derniere de ce §. puis choisir entre toutes les Ellipses ou espaces susdites celle, qui est pour la latitude du Pays où l'on est, & prendre les heures sur icelle, comme si elle estoit seule, c'est adire que ledit Magnetique vniuersel estant tourné à l'endroit du Soleil, comme il sera dit cy apres, & l'Aiguille d'Aimant s'arrestant. Il faut prendre pour la vraye heure celle que ladite Aiguille montre entre les points des intersections horaires de l'Ellipse ou espace de la latitude du Pays où l'on est.

3. Et pour l'vsage de la figure des mois qui est semblable au Magnetique vniuersel & particulier (c'est adire semblablement diuisée en 12. mois de l'Année par les petites lignes qui les distinguent, & subdiuisée en 120. degrez, c'est adire chaque mois en 10. degrez, chacun

desquels vaut trois jours enuiron,) il faut en l'vn & l'autre Magnetique auant toutes choses sçauoir le jour du mois courant, & mener la Touche d'icelle figure non seulement sur le mois courant, mais sur le degré du jour dudit mois courant, comptant depuis le commencement dudit mois trois jours pour chaque degré.

4. Pareillement pour l'vsage de la figure des degrez de la declinaison de l'Aiguille d'Aimant, qui est aussi la mesme au Magnetique vniuersel qu'au particulier, contenant en l'vn & en l'autre vn Arc de 12. ou 15. degrez de part & d'autre de la ligne du vray Nort ou midy, desquels ceux, qui sont a droict sont pour la declinaison de l'Aiguille, lors qu'elle decline du Nort vers l'Orient, ou du midy vers l'Occident; & ceux qui sont à gauche seruent pour la declinaison de la mesme Aiguille, lors qu'elle decline du Nort vers l'Occident, ou du midy vers l'Orient, il faut sçauoir la declinaison de l'Aiguille au lieu, où l'on est; où la trouuer par la pratique 10. de ce §. puis conduire le directoir sur le degré de la declinaison de l'Aiguille. Ce qui neantmoins n'est necessaire qu'ez lieux, où l'Aiguille decline. Car ez lieux ou l'Aiguille ne decline point la ligne du midy sert de directoir comme nous dirons cy apres.

Elliptique ou Ouale nouueau.

Ces choses supposées venons à la pratique.

Pratique premiere.

POVR TROVVER L'HEVre du Soleil, lors qu'il luit.

5. POvr trouuer l'heure du Soleil par le Magnetique particulier ou vniuersel susdit, il faut auant toutes choses, mener la Touche de la figure des mois sur le degré du iour du mois courant, comptant depuis le commencement du mois trois iours pour chaque degré, comme il est dit cy dessus au n. 3. & notez qu'vn iour ou deux iours font si peu de changement en cet Horologe touchant le mouuement du centre de l'Aiguille qu'il suffit d'auancer laditte Touche de 3. iours a autres d'vn degré.

Cela fait, & la boitte estant ouuerte du costé de la figure des heures, tournez vous vers le Soleil, & tenez la boitte deuant vous, en sorte que la ligne des 12. heures (si l'Aiguille ne decline point) soit à l'endroit du Soleil; ce que vous cognoistrez si la couuerture de la boitte estant enclinée en sorte qu'elle face ombre sur le corps d'icelle boitte, laditte ombre la couure entierement, sans qu'on voye la lumiere du Soleil sur ledit corps de la boitte d'vn costé ny d'autre. I'ay dit si l'Aiguille ne decline point. Car si elle decline du vray Nort ou Midy de quelques degrez, & y a vn directoir auec la figure des degrez de la declinaison de l'Aiguille; apres vous auoir tourné vers le Soleil, erigez ledit directoir perpendiculairement sur le plan de la couuerture, & tournez autour de son centre la lamme sur laquelle il est posé & attaché jusques a ce que la pointe de ladite lamme vienne sur le degré de la declinaison de l'Aiguille a droit, si laditte declinaison est du Midy vers l'Occident ou du Septentrion vers l'Orient, comme elle est en ces pays Septentrionaux, ou à gauche, si la declinaison de l'Aiguille est au contraire: puis tenez la boitte deuant vous, en sorte que ce directoir, ainsi erigé & mis sur le degré de la declinaison de l'Aiguille, soit à l'endroit du Soleil (ce que vous cognoistrez si ledit directoir ne fait ombre que de son espesseur) alors l'Aiguille s'arrestant a son nort monstrera entre les points horaires du Rouleau des heures du Magnetique, s'il est particulier ou bien entre les points des intersections horaires de l'Ellipse ou espace, qui est pour la latitude du pays où vous estes, s'il est vniuersel, l'heure ou partie de l'heure en

Elliptique ou Ouale nouueau. 249

laquelle est le Soleil.

6. Autrement, apres auoir mené la Touche de la figure des mois sur le degré du iour du mois courant, comme il est dit au n. precedent, tournez le dos au Soleil, & tenez la boitte ouuerte du costé de la figure des heures, en sorte que la ligne des 12. heures (si l'Aiguille ne decline point) ou bien le directoir erigé & mis sur le degré de la declinaison de l'Aiguille (si elle decline) soit à l'endroit du milieu de vostre ombre, alors l'Aiguille s'arrestant à son nort montrera, comme il est dit cy dessus, en quelle heure est le Soleil.

Car notez qu'il n'importe quel costé de cét Horologe vous tourniez au Soleil, pourueu que tousiours la ligne des 12. heures (si l'Aiguille ne decline point) ou le directoir erigé & mis sur le degré de la declinaison de l'Aiguille (si elle decline) soit à l'endroit du Soleil ou de son opposite. D'ou s'ensuit que cét Horologe sert plus que les autres en ce particulierement, qu'estant en vne chambre tournée au Septentrion ou autre lieu, ou le Soleil ne donne pas ces Rayons, vous pouuez cognoistre de là quelle heure il est, si seulement vous apperceuez l'ombre de quelque object droict au plan horizontal, ou l'ombre de l'extremité de quelque autre object oblique audit plan.

Car en ce cas, il n'y a qu'a tenir la boitte du Magnetique, en sorte que la ligne des 12. heures (si l'Aiguille ne decline point) ou le directoir erigé & mis sur le degré de la declinaison de l'Aiguille si elle decline soit a l'endroit de la lig. de l'object à son ombre, ou bien à vne ligne Parallele à icelle, & alors l'Aiguille d'Aimant s'arrestant a son Nort montrera, ainsi qu'il est dit a là fin du n. 5. en quelle heure est le Soleil.

Et remarquez que vous pourez vous seruir de l'ombre d'vn Angle, d'vne muraille, d'vn jambage de porte, ou de fenestre, ou d'vn cheuiron d'vn toict d'vne maison opposée en l'autre costé de la ruë ou bien l'ombre d'vn Arbre d'vn baston fiché en terre, d'vne herbe vn peu haute, & d'vne pierre sur terre, pour trouuer l'heure, obseruant ce qui est dit cy dessus, sans qu'il soit besoing de sortir de la chambre, ou du lieu où vous estes.

Pratique deuziesme.

POVR TROVVER L'HEVre du Soleil, lors que le Ciel est couuert.

7. LORS que le Ciel est couuert de vapeurs ou de nuées, vous pou-

Elliptique ou Ouale nouueau. 251

uez trouuer l'heure du Soleil par ce Magnetique, si vous pouuez apperceuoir le corps d'iceluy au trauers desdites vapeurs ou nuées, ou si seulement vous pouuez cognoistre l'endroit où il est, en vous tournant vers cet endroit & (apres auoir mené la Touche de la figure des mois sur le degré du jour du mois courant) tenant le Magnetique deuant vous ouuert du costé de la figure des heures, ensorte que la ligne des 12. heures (si l'Aiguille ne decline point) ou bien le directoir erigé & mis sur le degré de la declinaison de l'Aiguille (si elle decline) soit à l'endroit où vous sçauez estre le Soleil. Car alors l'Aiguille s'arrestant à son Nort montrera entre les points horaires du rouleau des heures du Magnetique particulier, ou bien entre les points des intersections horaires de l'Ellipse ou espace, qui est pour la latitude du Pays où vous estes, s'il est vniuersel, en quelle heure est le Soleil, de mesme, comme si le Soleil luisoit.

8. Et notez que le Ciel estant couuert, on peut cognoistre en quel endroit est le Soleil par plusieurs remarques, Car premierement encor que l'air soit plein de vapeurs espesses, qui vous cachent le Soleil, en sorte que vous ne pouuez pas mesme apperceuoir le corps d'iceluy; tousiours pouuez vous cognoistre l'en-

droit où il est par sa lumiere, dont il esclaire lesdites vapeurs, à raison qu'elles sont tousiours plus esclairées du costé qu'est le Soleil, qu'en vn autre endroit. C'est pourquoy si vous vous tournez du costé, où vous voyez que les vapeurs sont plus blanches & plus esclairées vous serez à l'endroit du Soleil, & pourez veoir quelle heure il est au Soleil par ce Magnetique, pratiquant ce qui est dit au n. 7. cy dessus. Secondement les nuées les plus voisines du Soleil apparoissent ordinairement plus blanches & plus esclairées que les autres, d'où vous pouuez iuger en quel endroit est le Soleil, mais comme ce signe n'est pas infaillible, & qu'il arriue tres souuent que les nuées esloignées du Soleil apparoissent autant & plus esclairées que les voisines, il faudra bien prendre garde, si la lumiere que vous voyez ez nuées ne change point de situation. Car si elle change, c'est signe que le Soleil en est esloigné, mais si cette lumiere se voit tousiours en mesme endroit, quoy que les nuées passent, c'est signe que le Soleil, qui les esclaire, est en cét endroit.

Tiercement il arriue souuent que le Soleil estant couuert de nuées, il y a en l'air certains Rayons visibles sortants de quelque nuées esloignées d'iceluy; de ces Rayons vous pouuez asseurement iuger en quel endroit est le Soleil.

Car entre tous ces Rayons, s'il y en à vn, qui soit droit & perpendiculaire au plan horizontal, tournez vous vers iceluy, & vous ferez infailliblement à l'endroit du Soleil. Que s'il n'y en a aucun qui soit perpendiculaire tousiours pourez vous iuger de ces rayons obliques, que vous voyez, en quel endroit est le Soleil. Car comme ces rayons procedent tous d'vn mesme centre, qui est le Soleil, vous iugerez facilement de ces rayons en quel endroit est le centre où ils concourrent tous; vers lequel si vous vous tournez, vous serez infailliblement à l'endroit du Soleil, & pourez trouuer quelle heure il est, pratiquant ce qui est dit au n. 7. Quatriesmement, si le Soleil se descouure, ensorte que vous le puissiez apperceuoir, quoy qu'il disparoisse incontinent auant que vous puissiez prendre le Magnetique en main, vous pourez veoir qu'elle heure il est, si aussi-tost que vous apperceuez le Soleil, vous vous tournez à l'endroit d'iceluy, & demeurant ferme en cette posture, vous prené le Magnetique en main, & le tenez, ensorte que la ligne des 12. heures (si l'Aiguille ne decline point) ou le directoir erigé & mis sur le degré de la declinaison de l'Aiguille (si elle decline) soit droit à vous, alors l'Aiguille s'arrestant à son Nort montrera l'heure qu'il est, ainsi qu'il est dit au n. 7. comme si le Soleil paroissoit encor.

De ces pratiques il appert, que cet Horologe peut beaucoup seruir à vn Voyageur, veu qu'on n'est pas long temps au champs sans apperceuoir le corps du Soleil, ou cognoistre l'endroit où il est par sa lumiere ou par ses rayons, si ce n'est en vn temps tout a fait obscur & pluuieux, auquel temps cet Horologe est sans effet de mesme que tous les autres. Toute la difficulté est de bien tenir la boitte du Magnetique à l'endroit du Soleil, mais comme c'est vne chose naturelle à l'œil de juger, si vne chose est à l'endroit d'vne autre, vous ne commettrez pas grande erreur, si vous y apportez vn peu d'attention, & vous y exercez.

Pratique troiziéme.

POVR TROVVER L'HEVre du Soleil auant son leuer & apres son coucher par la lumiere du Crepuscule.

9. LORS que le Ciel est serain vous voyez apres le coucher du Soleil, & auant

Elliptique ou Ouale nouueau. 255

& auant le leuer d'iceluy vne bonne espace de temps en Hyuer, & presque toute la nuict en Esté, la lumiere du Soleil, qu'on appelle Crepuscule, qui esclaire les vapeurs de la terre, qui sont sur l'Horison. Cette lumiere denotte l'endroit où est le Soleil en l'Hemisphere inferieur, & peut seruir par consequent, pour trouuer l'heure par ces Magnetiques, si vous sçauez bien chosir le centre ou milieu d'icelle lumiere & vous tournant vers ledit centre, pratiquez ce qui est dit au n. 7. tenant le Magnetique, en sorte que la ligne des 12. heures (si l'Aiguille ne decline point) ou le directoir erigé & mis sur le degré de la declinaison de l'Aiguille (si elle decline) soit à l'endroit du centre ou milieu de cette lumiere Crepusculine. Car alors l'Aiguille d'Aimant s'arrestât à son Nort, montrera entre les points horaires du Rouleau des heures du Magnetique particulier, & entre les intersections horaires de l'Ellipse de la latitude du Pays du Magnetique vniuersel, quelle heure il est de nuit.

10. Mais notez que cette pratique que nous venons de prescrire, suppose que toutes les heures de la nuit sont descriptes en ces Magnetiques : comme donc elles n'y sont point descriptes pour l'ordinaire, il faut pratiquer ce qui s'ensuit : sçauoir, il faut mener la Touche

R

de la figure des mois ſut le degré du iour opposé & diſtant d'vne demi-année du iour du mois courant; car par ce changement de la demi-année on fait que les heures du iour ſont changées en heures de la nuit, à raiſon que les Arcs nocturnes des Parallels du Zodiaque ſont egaux aux Arcs diurnes des Parallels oppoſez & diſtants d'vne demi-année vn chacun au ſien; & par conſequent les points horaires du iour du Parallel oppoſé, peuuent ſeruir pour les points horaires de la nuit du Parallel, auquel eſt le Soleil. La Touche donc de la figure des mois eſtant menée ſur le degré du iour oppoſé, tournez vous à l'endroit du centre ou milieu de la lumiere Crepuſculine, & tenez la Boitte du Magnetique, en ſorte que la ligne des 12. heures (ſi l'Aiguille ne decline point) ou le directoir erigé & mis ſur le degré de la declinaiſon de l'Aiguille (ſi elle decline) ſoit à l'endroit dudit centre de la lumiere Crepuſculine, alors l'Aiguille montrera entre les points horaires du Magnetique particulier pris & conſideré pour les points horaires de la nuit; & entre les interſections horaires de l'Ellipſe de la latitude du Pays du Magnetique vniuerſel conſiderez de meſme pour celle de la nuit, en quelle heure de la nuit eſt le Soleil,

Pratique quatriéme.

POVR TROVVER L'HEVre du coucher & lever du Soleil; item la quantité du jour, & l'heure Italique par le Magnetique particulier & par l'vniuersel.

11. POVR trouuer l'heure du coucher du Soleil par le Magnetique particulier (suppofé que les nombres des heures du coucher d'iceluy foient grauées autour de la figure des mois, ainfi qu'il eft prefcript au n. 25. du §. 1. de la feconde partie) il faut mener la Touche de ladite figure fur le degré du jour du mois courant & icelle vous montrera d'abord entre lefdits nombres à quelle heure le Soleil fe couche; d'où vous fçaurez auffi l'heure du leuer d'iceluy, prenant autant d'heure auant midy, que l'heure du coucher en eft diftante.

Que fi au lieu des nombres des heures du coucher du Soleil font grauez les nombres des longueurs des jours, eftant menée ladite Touche fur le degré du jour du mois courant, icelle vous montrera entre lefdits nombres de com-

R ij

bien d'heures est la longueur du jour artificiel depuis le leuer du Soleil jusques à son coucher, la moitié desquelles vous donnera l'heure du coucher du Soleil.

12. Et pour trouuer la mesme heure du coucher du Soleil par le Magnetique vniuersel, qui a les Ellipses des latitudes des Pays depuis 40. degrez jusques à 50. ou depuis 30. degrez jusques à 60. ensorte que l'Ellipse ou espace, qui est pour 45. degrez de latitude tienne le milieu d'icelles, menez la Touche de la figure des mois sur le degré du jour opposé & distant d'vne demi Année du jour du mois courant, puis tenez la boitte dudit Magnetique ouuert du costé de la figure des heures, & la tournez jusques à ce que l'Aiguille vienne à estre Parallele à la ligne des 6. heures du matin & du soir (ce que vous cognoistrez si elle touche heures ou parties d'heures de part & d'autre egalement distantes de ladite ligne des 6. heures) alors l'Aiguille monstrera l'heure du leuer du Soleil du costé des heures du matin, & l'heure du coucher d'iceluy du costé des heures du soir, non sur l'Ellipse de la latitude du pays, mais sur celle, qui est pour le complement de ladite latitude, ie veux dire sur celle qui est egalement distante d'autrepart de celle de 45. degrez, par exemple les heures que

Elliptique ou Ouale nouueau.

l'Aiguille monstrera sur l'Ellipse de la latitude de 40. degrez, seront les heures du leuer & du coucher du Soleil, pour les Pays, qui ont latitude de 50. degrez. Item les heures qu'elle monstrera sur l'Ellipse de 42. degrez seront les heures du leuer & du coucher du Soleil, pour les Pays, qui ont latitude de 48. ; Item les heures qu'elle monstrera sur l'Ellipse de 44. degrez seront les heures du leuer & du coucher, pour les Pays qui ont latitude de 46. degrez; & ainsi des autres; & n'y a que l'espace d'entre les Ellipses de 44. & de 46. (laquelle sert pour l'Ellipse de 45. degrez) qui monstre les heures du leuer & du coucher du Soleil pour sa propre latitude, c'est à dire pour les Pays, qui ont latitude de 45. degrez.

13. De cette heure du coucher du Soleil vous cognoistrez incontinent combien d'heures il vous restent jusques au coucher du Soleil si vous trouuez l'heure qu'il est par la pratique 1. ou seconde, & soubstrayez ladite heure de celle du coucher du Soleil. Item vous cognoistrez l'heure Italique, si estant trouuée l'heure Astronomique par ladite pratique 1. & 2. & prenant l'heure du coucher du Soleil pour la 24. heures Italiques, vous en soubstrayez le nombre des heures qui restent jusques au coucher du Soleil; car le nombre restant de cet-

te substraction vous donnera l'heure Italique requise.

―――――――――

Pratique cinquiesme.

POVR TROVVER L'HEV-re qu'il est la nuict par la Lune.

14. IL y a deux choses principales à faire en cette pratique. Car il faut premierement trouuer l'heure de la Lune, puis trouuer l'heure du Soleil, qui est l'heure de nuict que l'on cherche par ladite heure de la Lune. Pour l'intelligence dequoy, notez que la Lune à ses heures differentes de celles du Soleil, excepté au temps de sa conjōction auec le Soleil, auquel temps elle est en mesme Cercle horaire qu'iceluy; car hors de cette conjonction elle est en Cercle horaire different & distant de celuy du Soleil d'autant de degré qu'elle a deuancé le Soleil, de son mouuement propre d'Occident en Orient. Pour donc trouuer l'heure de la Lune, il faut auant toutes choses sçauoir les iours de la lune escoulez depuis sa conjonction derniere auec le Soleil, le plus exactement, que faire se pourra par vn bon Almanach (comptant vn iour pour 24. heures es-

coulées depuis l'heure de ſadite conjonction, & ainſi des autres à proportion) ou du moins par l'addition de l'Epacte, auec le nombre du iour du mois courant, & le nombre des mois paſſez depuis le commencement de Mars, rejettant de la ſomme 30. ou 60, s'ils y ſont contenus, car le nombre reſtant donnera les iours de la Lune requis. De plus, conſiderant que les mois de la figure annuelle deſcripte ſur le fond de la boitte exterieurement ne ſont diuiſez qu'en 10. degrez chacun, c'eſt a dire toute la figure en 120. degrez, duquel nombre le cours lunaire d'vne conjonction à autre (que nous ſuppoſons eſtre de 30. iours) eſt la quatrieſme partie, de ſorte que chaque iour de la Lune contient quatre degrez de laditte figure; il faut quadrupler les iours de la Lune, & auancer la Touche de laditte figure depuis le degré du iour du mois courant (ſelon la ſucceſſion des mois) d'autant de mois qu'il y a de dixaines en ce quadruple des iours de la Lune, & d'autant de degrez qu'il y à d'vnitez, ce qui eſt facile, car lorſque ce quadruple eſt compoſé de 2. ou 3. notes de chiffre, la premiere ou les deux premieres notes deſignent le nombre des mois, & la derniere deſigne le nombre des degrez deſquels il faut auancer ladite Touche, par exemple ſi nous auons 8. iours de Lune, le Quadruple qui eſt 32. denote, qu'il faut auancer la Touche de 3. mois & de 2. degrez; & ſi nous auons 26. de lune, le Quadruple qui eſt 104. denote, qu'il faut auancer la Touche de 10. mois & de 4. degrez depuis le degré du iour du mois courant ſelon la ſucceſſion des mois.

Cela fait, pour trouuer l'heure de la Lune (ſuppoſé qu'on la voit, ou qu'on ſçait l'endroit où elle eſt) tournez vous vers cét endroit, & tenez la Boitte du Magnetique ouuerte du coſté de la figure des heures, en ſorte que la ligne des 12. heures, (ſi l'Aiguille ne decline point) ou le directoir erigé & mis ſur le degré de la declinaiſon de l'Aiguille (ſi elle decline) ſoit à l'endroit de la Lune; alors laditte Aiguille s'arreſtant à ſon nort, monſtrera (entre les points horaires du Rouleau des heures du Magnetique particulier & entre interſections horaires de l'Ellipſe qui eſt pour la latitude du Pays du Magnetique vniuerſel) l'heure de la Lune, ſçauoir entre les points horaires du matin, ſi la Lune eſt en la partie Orientale, ou entre les points horaires du ſoir, ſi elle eſt Occidentale; & cognoiſtrez que la Lune eſt en la partie Orientale ſi vous tournant auec la Boitte du Magnetique tenüe droite à vous en ſorte que l'Aiguille s'arreſte ſur le midy, la Lune eſt à voſtre gauche, & au contraire vous cognoiſtrez quelle eſt en la partie Occidentale, ſi elle eſt a voſtre droite.

Maintenant pour trouuer l'heure Solaire requiſe par l'heure Lunaire trouuée, adjouſtez à ladite heure Lunaire autant d'heures qu'il y a de fois 5. degrez contenus au quadruple du nombre des jours de la Lune ſuſdit, je veux dire, pour 10. degrez ou vn mois deux heures, pour 5. vne heure, pour 2. degrez & demi vne demi-heure, & pour vn degré & vn quart vn quart d'heure, & vous aurez l'heure requiſe, ſi de la ſomme de cette addition, vous rejettez 12. ou 24. en cas qu'ils y ſoient contenus. Car ladite ſomme n'excedant 12. ou ſon excés ſur 12. ou 24. ſera l'heure Solaire de nuict, que vous cherchez.

Exemple, il eſt propoſé de trouuer l'heure de nuict par la Lune le premier Ianuier, auquel je ſuppoſe la Lune eſtre en ſon 16. depuis ſa conjonction derniere ; je quadruple le nombre 16. viennent 64. qui denotent, que je dois auancer la Touche de la figure des mois depuis le commencement de Ianuier ſelon la ſucceſſion des mois, de 6. mois 4. degrez, ſçauoir juſques au 5. degré de Iuillet. Ce qu'eſtant fait, je me tourne à l'endroit de la Lune, & tièns le Magnetique, enſorte que la ligne des 12. heures (ſi l'Aiguille ne decline point) ou le directoir erigé & mis ſur le degré de la declinaiſon de l'Aiguille (ſi elle decline) ſoit à l'endroit de la Lune, alors l'Aiguille s'arreſtant me monſtre, comme je ſuppoſe, qu'il eſt 9. heures du matin. Cela fait j'adiouſte ces 9. heures pour les 64. degrez, dont j'ay auancé la Touche, 12. heures & 3. quarts & peu plus, & j'ay la ſomme de 21. heures 3. quarts deſquelles ie rejette 12 heures & reſtent 9. heures & 3. quarts, d'où ie cognois qu'il eſt 9. heures & 3. quarts du ſoir & peu plus.

14. Notez que cette pratique ſuppoſe que le cours Synodique de la Lune eſt de 30. jours, qui n'eſt toutes-fois que de 29. iours & demi. Item que la Lune ne ſorte pas de l'Eccliptique, qui en eſt quelque fois eſloignée de 5. degrez de part ou d'autre d'icelle. Item que l'Eccliptique repreſentée par la figure des mois du Magnetique, eſt diuiſée egalement en 24. parties par les Cercles horaires, enſorte que 5. degrez de ladite figure faſſe juſtement vne heure, ce qui n'eſt pas ſi precis : à raiſon que les Cercles horaires qui coupent l'Eccliptique obliquement ne la diuiſent pas egalement; neantmoins toutes ces ſuppoſitions ne rendent pas la pratique ſubiecte à plus grande erreur, que d'vn quart d'heure, pourueu qu'on ſçache au juſte les jours de la Lune depuis ſa conionction dernie-

re. Lesquels, pour y proceder iustement, il faudroit supputer par heures, prenant 24. heures escoulées depuis ladite conionction pour vn iour, & ne negliger pas les parties du dernier iour, s'il n'est entierement escoulé.

Pratique sixiesme.

TROVVER A QV'ELLE heure de la nuit la Lune se leue ou se couche.

15. POVR trouuer l'heure du leuer ou coucher de la Lune par le Magnetique particulier, supposé que les nombres des heures du coucher du Soleil sont descripts sur ledit Magnetique autour de la figure des mois, il faut sçauoir les jours de la Lune depuis sa conjonction derniere, & les quadrupler puis auancer la Touche de ladite figure des mois depuis le degré du iour du mois courant selon la succession des mois d'autant de degrez que ledit Quadruple des iours de la Lune contient d'vnitez, ainsi que nous auons fait en la pratique precedente, alors laditte Touche monstrera d'abord entre les nombres des heures du coucher du Soleil, l'heure de la Lune en son cou-

cher d'où vous sçaurez aussi l'heure d'icelle en son leuer, qui est autant distante des 12. heures, que l'heure d'icelle en son coucher en est distante, maintenant pour trouuer à qu'elle heure de la nuit eschet ce leuer ou coucher de la Lune, adjoustez à laditte heure de la lune en son leuer ou coucher, autant d'heures qu'il y à de fois 5. dans le quadruple des iours de la lune, &c. & rejettez de la somme 12. ou 24. heures, si elles y sont contenuës laditte somme n'excedante 12. ou son excez sur 12. ou 24. donnera l'heure de nuit en laquelle la Lune se leue ou se couche.

16. Et pour trouuer ladite heure par le Magnetique vniuersel, apres auoir auancé la Touche de la figure des mois depuis le degré du iour du mois courant selon la succession des mois, d'autant de degrez que le quadruple des iours de la Lune contient d'vnitez, faites retrograder ladite Touche d'vne demi Année entiere, puis tenant la boitte ouuerte du costé de la figure des heures, tournez la iusques a ce que l'Aiguille d'Aimant soit Parallele à la ligne des 6. heures du soir & du matin, alors ladite Aiguille monstrera l'heure de la Lune en son leuer & coucher, non sur l'Ellipse de la latitude du Pays, mais sur celle, qui est pour le complement de ladite latitude, ainsi que nous

avons dit en la pratique 4. pour trouuer l'heure du leuer ou du coucher du Soleil. Maintenant pour trouuer à quelle heure de la nuict eschet ledit leuer ou coucher de la Lune, adioustez à ladite heure de la Lune autant d'heures qu'il y a de fois 5. degrez compris dans le quadruple des iours de la Lune, &c. Et la somme n'excedante 12. ou son excez sur 12. ou 24. sera l'heure de la nuict requise, en laquelle la Lune se leue ou se couche.

Pratique septiéme.

POUR TROUUER L'HEUre de nuict par les Estoilles.

17. Il y a deux choses a faire en cette pratique comme en la pratique 5. Car il faut premierement trouuer l'heure de l'Estoille, de laquelle vous voulez vous seruir; puis par icelle trouuer l'heure du Soleil, qui est l'heure de la nuit que vous cherchez: ce qui se fait d'vne pratique presque semblable a la 5. precedente. Car notez que chaque Estoille à ses heures propres, aussi bien que la Lune, differentes de celles du Soleil, excepté au

temps de sa conjonction, auquel elle est en mesme Cercle horaire qu'iceluy, & hors de cette conjonction elle est en vn Cercle different & distant de celuy du Soleil d'autant de degrez, que le Soleil à auancé de son mouuement propre d'Occident en Orient. D'où s'ensuit que pour trouuer l'heure Solaire par l'heure d'vne Estoille, il est necessaire de sçauoir auparauant le jour de sa conjonction auec le Soleil, mais il n'est requis de le quadrupler ou autrement le multiplier, a raison que les Estoilles ayants vn mouuement propre d'Occident en Orient si lent, qu'en 100. ans, elles n'auancent pas d'vn degré, le mesme degré du iour de la conjonction d'icelles Estoilles est toujours pris pour le lieu d'icelles en la figure des mois sur lequel il faut mener la Touche, pour trouuer les heures desdites Estoilles.

Pour donc trouuer l'heure de quelque Estoille cognüe de celles qui sont joignant l'Eccliptique, lesquelles sont les plus propres pour promptement, & sans peine, trouuer l'heure de la nuict par le Magnetique particulier & vniuersel ; par exemple pour trouuer l'heure de la plus Meridionalle de la Poussiniere, ou Pleyades, dont la conjonction auec le Soleil eschet le 15. de May; ou bien de l'Estoille dite le cœur du Lion, dont la conionction eschet le 16.

Elliptique ou Ouale nouueau. 269

Aouſt, ou de celle qu'on appelle l'Eſpie de la Vierge de laquelle la conionction eſchet le 10. Octobre, ou de la plus lumineuſe de la Balance Meridionelle, dont la conionction eſchet le 3. Nouembre; ou de celle qu'on nomme le Cœur du Scorpion, dont la conionction eſchet le 25. Nouembre; ou de celle qu'on dit la Queuë du Capricorne, dont la conionction eſchet le 6. Febvrier, &c. Leſquelles toutes ſont ioignant l'Eccliptique, & remarquables les vnes par la figure des conſtellations, où elles ſont conſtituées, les autres par leur grandeur, eſtantes la plus part de la premiere Magnitude. Auant toutes choſes menez la Touche de la figure des mois ſur le degré du iour de la conionction de l'Eſtoille, de laquelle vous voulez vous ſeruir qui eſt le lieu d'icelle Eſtoille en laditte figure. Cela fait, tournez vous vers l'Eſtoille, & tenez la boitte du Magnetique ouuerte deuant vous, enſorte que la ligne des 12. heures (ſi l'Aiguille ne decline point) ou bien le directoir erigé & mis ſur le degré de la declinaiſon de l'Aiguille (ſi elle decline) ſoit à l'endroit de l'Eſtoille, alors ladite Aiguille s'arreſtant, montrera l'heure de ladite Eſtoille entre les points horaires du rouleau des heures du Magnetique particulier, & entre les interſections horaires de l'Ellipſe de la latitude du

Pays du Magnetique vniuerſel, ie veux dire entre les points ou interſections horaires du matin, ſi l'Eſtoille eſt Orientale, ou du ſoir, ſi elle eſt Occidentale, &c.

Et pour trouuer l'heure Solaire de nuict par cette heure Syderale, adiouſtez à l'heure Syderale trouuée, autant d'heures qu'il y a de fois 5. degrez compris entre le degré du iour du mois courant, & le degré du iour de la conionction de l'Eſtoille ſelon la ſucceſſion des mois, c'eſt adire pour vn mois ou 10. degrez deux heures pour 5. degrez 1. heure; pour 2. degrez & demi vne demi-heure; & ainſi des autres à proportion; & la ſomme n'excedente 12. ou ſon excez ſur 12. ou 24. donnera l'heure Solaire de nuict, que vous cherchez.

Exemple, il eſt propoſé de trouuer l'heure de nuict le 1. iour de Ianvier par l'Eſtoille la plus Meridionelle de la Poſſiniere ou Pleyade, de laquelle la conionction eſchet le 15. May, i'auance la Touche de la figure des mois depuis le commencement de Ianvier ſelon la ſucceſſion des mois iuſques à la fin du 5. degré de May, qui reſpond audit 15. du meſme mois. Cela fait ie me tourne vers ladite Eſtoille & tiens le Magnetique ouuert du coſté de la figure des heures, enſorte que la ligne des 12. heures (ſi l'Aiguille ne decline point) ou bien

le directoir

Elliptique ou Ouale nouueau.

le directoir erigé & mis sur le degré de la declinaison de l'Aiguille (si elle decline, soit à l'endroit de l'Estoille. Alors l'Aiguille s'arrestant, montrera qu'il est 9. heures du matin à l'Estoille. I'adjouste donc ausdites 9. heures autant d'heures, qu'il y a de fois 5. degrez interceptez entre le degré du iour du mois courant, & le degré du jour de la conjonction de l'Estoille, c'est a dire en 45. degrez, sçauoir 9. heures, viendra la somme de 18. heures, de laquelle je rejette 12. & le nombre restant qui est 6. me denote, qu'il est 6. heures du soir, c'est ainsi des autres Estoilles, qui sont joignant l'Eccliptique.

18. Mais pour trouuer l'heure de nuict par les autres Estoilles esloignées de l'Eccliptique, qui ont moindre declinaison que de 23. degrez 20. minutes, & qui conuiennent par consequent en declinaison auec quelque degré de ladite Eccliptique, comme est l'Estoille appelée l'œil du Taureau, qui a mesme declinaison que le degré du 3. May, & à sa conjonction auec le Soleil le 26. May. Item l'Estoille appellée le petit Chien, qui à mesme declinaison que le degré du 7. Septembre, & à sa conjonction auec le Soleil le 12. Iuillet. Item l'Estoille appelée la Queüe du Lion, qui a mesme declinaison que le degré du 8. Aoust, & à sa con-

S

jonction auec le Soleil le 15. de Septembre, &c. Il y a vn peu plus à faire, que pour trouuer l'heure par les precedentes. Car il faut non seulement sçauoir le iour de leur conjonction auec le Soleil, mais aussi auec quel degré de la figure des mois elles conuiennent en declinaison; car ce n'est pas sur le degré du iour de la conjonction de ces Estoilles, que doit estre menée la Touche de la figure des mois, pour trouuer l'heure d'icelles Estoilles, mais sur le degré auec lequel elles conuiennent en declinaison. Et l'heure desdittes Estoilles estant trouueé c'est alors par le iour de la conjonction d'icelles Estoilles, qu'on trouue l'heure Solaire de la nuict adjoutant à l'heure de ces Estoilles autant d'heures qu'il y à de fois 5. degrez interceptez entre le degré du iour du mois courant Iusques au degré du iour de la conjonction de ces Estoilles selon la succession des mois, &c.

19. Et pour trouuer l'heure de nuit par les Estoilles Septentrionalles pour lesquelles on descript vne seconde Ellipse au Magnetique particulier & plusieurs secondes Ellipses au Magnetique vniuersel, qui seruent nommement pour l'Estoille qui est à l'extremité de la queüe de la grande Ourse, qui à pour lieu de la declinaison en la fig. des mois le degré du 22. Iuin (par la construction, desdits Magnetiques)

& qui à conjonction auec le Soleil le 18. Septembre, Item pour l'Eſtoille appellée le Bouc, qui a pour lieu de ſa declinaiſon le degré du premier iour de May, & a ſa conjonction auec le Soleil le 5. Iuin. Item pour l'Eſtoille appellée la queüe du Cygne, qui à pour lieu de ſa declinaiſon le degré du 28. Mars & à ſa conjonction auec le Soleil l'onziéme Feurier. C'eſt la meſme pratique que pour les Eſtoilles precedentes. Car pour trouuer l'heure de ces Eſtoiles, il faut auparauant mener la Touche de la figure des mois ſur le lieu de ſa declinaiſon, puis ſe tourner vers icelle, & tenir la Boitte du Magnetique ouuerte, en ſorte que la ligne des 12. heures (ſi l'Aiguille ne decline point) ou le directoir erigé & mis ſur le degré de la declinaiſon de l'Aiguille ſoit à l'endroit d'icelle Eſtoille, & alors l'Aiguille s'arreſtant a ſon nort, monſtrera l'heure de l'Eſtoille, entre les points horaires de la ſeconde Ellipſe, qui eſt pour la latitude du pays. Et pour trouuer l'heure Solaire par cette heure de l'Eſtoille, il faut adjouter à laditte heure de l'Eſtoille autant d'heures qu'il y à de fois 5. degrez interceptez entre le degré du iour du mois courant, & le degré du iour de la conjonction de l'Eſtoille ſelon la ſucceſſion des mois, & des autres degrez à proportion, & viendra l'heure Solaire de la nuit,

S ij

ſi de la ſomme on rejette 12. ou 24. en cas qu'elle excede 12. ou 24. heures.

Pratique huictiéme.

POUR TROUUER EN quel endroit du Ciel ſont les Eſtoilles mentionnées cy-deſſus, affin de les cognoiſtre, & remarquer vne fois pour toutes.

20. CETTE pratique eſt la conuerſe de la precedente. Car la precedente enſeigne a trouuer l'heure de nuit par les Eſtoilles, ſuppoſant qu'on les cognoit, & cette pratique au contraire enſeigne à cognoiſtre les Eſtoilles nottamment celles, qui ſont joignant l'Eccliptique, ſuppoſant qu'on ſçait l'heure de nuit a peu près. Soit donc propoſé de trouuer l'endroit du Ciel, où eſt l'Eſtoille dite le cœur du Lion, de laquelle la conjonction eſchet le 16. Aouſt; ſuppoſé que vous ſçauez à peu pres quelle heure il eſt, menez la Touche de la figure des mois ſur le degré du 16. Aouſt, & comptez combien il y a de degrez compris depuis ledit degré du 16. Aouſt iuſques au degré du iour du mois courant ſelon la ſucceſſion des mois, puis adiouſtez à l'heure que vous

Elliptique ou. Ouale nouueau. 275

croyez qu'il est autant d'heures, qu'il y à de fois, 5. degrez interceptez entre ledit degré du 16. Aoust, & du iour du mois courant, alors la somme n'excedante 12. ou son excez sur 12 ou 24. vous donnera l'heure de l'Estoille, que vous desirez cognoistre. Cela fait la Touche de la figure des mois demeurant tousiours sur le degré du 16. Aoust qui est le iour de la conjonction de l'Estoille, tenez la boitte du Magnetique ouuerte, en sorte que la ligne des 12. heures (si l'Aiguille ne decline point) ou bien le directoir erigé & mis sur le degré de la declinaison de l'Aiguille (si elle decline) soit droit à vous, & vous tournez vers l'Orient, si l'heure de laditte Estoille est du matin, ou vers l'Occident, si l'heure de l'Estoille est du soir (tenant tousiours laditte boitte droite à vous) iusques à ce que l'Aiguille vienne à s'arrester sur l'heure de l'Estoille, alors vous serez infailliblement tourné à l'endroit de ladite Estoille puis donc que cette Estoille est ioignant l'Eccliptique ou cours du Soleil, dont vous sçauez à peu pres l'eleuation, & qu'elle est de la premiere grandeur, leuez la veüe en cét endroit, & l'Estoille de la premiere grandeur, qui se presentera à vos yeux à l'eleuation susd. sera l'Estoille du cœur du Lion, que vous cherchez, & desirez cognoistre; remarquez donc

S iij

quelle situation & proportion de distance elle a auec les autres Estoilles les plus remarquable, pour le recognoistre au besoin. Pour trouuer les autres Estoilles il faut mettre la Touche sur le degré de la declinaison d'icelles & non sur le iour de la conionction, ainsi qu'il est dit au n. 18.

Notez que si l'Estoille est soubs l'Horizon, quoy que vous trouuiez l'endroit où elle est, vous ne la pourez cognoistre. C'est pourquoy la pratique suiuante est necessaire pour sçauoir si elle est sur l'Horizon ou non.

Pratique neufviéme.

POVR TROVVER A quelle heure les Estoilles se leuent ou se couchent.

21. SOIT proposé de trouuer à quelle heure se leue & se couche l'Estoille, dite le cœur du Lion à quelque iour proposé par le Magnetique particulier, menez la Touche de la figure des mois sur le degré du iour de la conjonction de ladite Estoille, qui est le

Elliptique ou Ouale nouueau. 277

16. Aouſt. Car cette touche vous monſtrera d'abord entre les nombres des heures du coucher du Soleil (que ie ſuppoſe eſtre deſcripte autour de la figure des mois) l'heure de l'Eſtoille en ſon coucher d'où vous ſçaurez auſſi ſon heure en ſon leuer, prenant autant d'heures auant les 12. heures que l'heure de l'Eſtoille en ſon coucher en eſt diſtante.

Maintenant pour trouuer l'heure Solaire en laquelle eſchet ledit leuer ou coucher de l'Eſtoille, adjouſtez à ladite heure de l'Eſtoille en ſon leuer ou coucher autant d'heures, qu'il y à de fois 5. degrez contenus dans le nombre des degrez interceptée entre le degré du iour du mois courant, & le degré du iour de la conjonction de l'Eſtoille, & vous aurez l'heure Solaire du coucher & leuer de l'Eſtoille, ſi de la ſomme vous rejettez 12, ou 24. heures &c.

22. Et pour trouuer le meſme par le Magnetique vniuerſel, menez la Touche de la figure des mois ſur le degré de la conjonction de l'Eſtoille, & comptez le degrez interceptez entre le degré du iour du mois courant, & le degré du jour de la conjonction de l'Eſtoille ſelon la ſucceſſion des mois; puis menez derechef ladite Touche ſur le degré oppoſé & diſtant d'vne demi année dudit degré du iour de la conjonction de l'Eſtoille, puis tenez la

R iiij

boitte du Magnetique ouuerte du costé de la figure des heures, en sorte que l'Aiguille soit Parallele à la ligne des 6. heures du matin & du soir; alors l'Aiguille monstrera l'heure de l'Estoille en son leuer & coucher, non sur l'Ellipse de la latitude du Pays, mais sur celle qui est complement de ladite latitude. Et pour trouuer l'heure Solaire, en laquelle eschet ledit leuer ou coucher de l'Estoille, adjoustez à ladite heure de l'Estoille en son leuer & coucher, autant d'heures qu'il y a de fois 5. degrez interceptez entre le degré du iour du mois courant, & le degré de la conjonction de l'Estoille, & vous aurez l'heure Solaire requise, si de la somme de cette addition vous rejettez 12. ou 24. s'ils y sont contenus. Notez que pour trouuer l'heure du leuer ou coucher des autres Estoilles, il faut mettre la Touche de la figure des mois sur le degré de la declinaison d'icelle, & non sur le iour de la conjonction, ainsi qu'il est dit au n. 18.

Pratique dixiéme.

POVR TROVVER LA DECLINAISON de l'Aiguille d'Aimant.

23. Soit la Touche de la figure des mois menée sur le degré du iour du mois

courant, & à quelque heure du matin, que le Soleil luira, soit la boitte ouuerte du costé de là figure des heures, & le directoir erigé perpendiculairement & mis sur la ligne du midy. Cela fait soit la boitte tournée au Soleil, en sorte que ledit directoir ne face ombre que de son espesseur, alors l'Aiguille s'arrestant à son nort, coupera le Rouleau des heures du Magnetique particulier, où l'Ellipse de la latitude du Pays où en est en quelque heure, laquelle soit bien & exactement remarquée, ne negligeant pas la moindre partie d'icelle. Et au mesme temps soit prise l'eleuation du Soleil auec vn quarré Astronomique, ou bien faute de cét instrument soit suspendu vn baston à l'endroit d'vn plan parfaitement horizontal, & soit remarquée ou mesurée la longueur de l'ombre d'iceluy ; puis estantes escoulées quelques heures apres midy, soit exposé le mesme quarré Astronomique au Soleil, & soit pris garde, quand le Soleil viendra à la mesme eleuation, qu'il auoit auant midy à l'heure qu'on a exposé le Magnetique au Soleil, ou bien faute de cét instrument, estant derechef suspendu le mesme baston, soit pris garde, quand l'ombre d'iceluy sera egale a celle de deuant midy (d'où l'on cognoistra, que le Soleil sera en la mesme eleuation qu'il auoit deuant midy à l'heure susdite) au mesme instant soit derechef la Boitte tournée au Soleil en sorte que l'Aiguille sur l'heure d'apres midy egalement distante des 12. heures, comme celle du matin estoit distante des mesmes 12. heures, & la boitte demeurant ainsi arrestée soit le directoir erigé & tourné autour de son centre jusques à ce qu'il ne face aucun ombre que de son espesseur, alors la pointe dudit directoir monstrera vn nombre de degrez, duquel la moitié sera la declinaison de l'Aiguille; si donc le directoir mis sur la moitié desdits degrez, & la Boitte tournée au Soleil en sorte que le directoir ne face aucun ombre que de son espesseur, l'Aiguille s'arrestant monstrera la vraye heure qu'il est.

24. Autrement. on pourra cognoistre la declinaison de l'Aiguille plus promptement, si on sçait l'heure qu'il est au juste par quelque autre Horologe. Car sçachant l'heure il n'y a qu'a mener la Touche de la figure des mois sur le degré du iour du mois courant, puis ouurir la Boitte d'autrepart, & la tourner jusques à ce que l'Aiguille viennne a s'arrester sur l'heure qu'il est, & a mesme temps eriger le directoir & le tourner autour de son centre jusques à ce qu'il ne face aucun ombre que de son espesseur, alors le degré, sur lequel se trou-

Elliptique ou Ouale nouueau. 281

uera la pointe dudit directoir, fera celuy de la declinaifon de l'Aiguille.

Pratique vnziéme.

POVR COGNOISTRE LA hauteur du Pole & latitude du Pays où l'on eſt.

25. VOVS pouuez premierement, trouuer la latitude du Pays (ou hauteur du Pole qui eſt la meſme choſe) par la Carte Geographique du Royaume ou de la Prouince en laquelle vous eſtes, où ſont deſcripts les degrez des latitudes des Villes, & leurs nombres en coſtez d'icelle à droite & à gauche, car il n'y à autre choſe à faire qu'a mettre vne Regle ſur le lieu où vous eſtes de la ditte Carte, en ſorte qu'elle ſoit Parallele au coſté de haut ou de bas & elle vous monſtrera entre les nombres ou degrez des latitudes qui ſont ez coſtez gauche & droit de ladite Carte, quelle eſt la latitude de ce lieu là.

26. Que ſi vous n'auez point la Carte du Pays, obſerué en vne nuict claire auec vn quaré Aſtro-

nomique la plus haute & la plus baſſe eleuation de l'Eſtoile Polaire, & faites addition de ces deux hauteurs, puis diuiſez en la ſomme egalement en 2. la moitié de laditte ſomme donnera la hauteur du Pole & la latitude du Pays au iuſte.

27. Que ſi vous n'auez ny la Carte du Pays, ny ce quarré Aſtronomique ſçachez de quelque perſonne du lieu où vous eſtes de combien d'heures au vray eſt le plus grand iour de l'année auditlieu, (qui eſt vne choſe cognüe de la plus part des habitants du lieu) & menez la Touche de la figure des mois du Magnetique vniuerſel ſur le degré du 22. Decembre oppoſé & diſtant d'vne demi Année entiere du degré du plus grand jour de l'Année puis ouurez la boitte d'autre part, & la tournez iuſques à ce que l'Aiguille ſoit Parallele à la ligne des 6. heures ; alors conſiderez entre toutes les Ellipſes, qu'elle eſt celle, qui contient les heures du plus grand jour, qu'on vous a dit, entre l'interſection de l'Aiguille en la partie des heures du matin, & l'interſection de la meſme Aiguille en la partie des heures du ſoir, & ceſte Ellipſe ſera celle de laquelle il faudra ſe ſeruir, au lieu où vous eſtes, & qui par conſequent par ſon nombre montrera, qu'elle eſt la latitude du Pays.

Je pourois encor donner d'autres pratiques sçauoir pour trouuer à qu'elle heure le Soleil, ou la Lune commencent à donner contre quelque muraille ou par quelque feneſtre & à quelle heure ils ceſſent d'y donner, & à qu'elle heure ils y donnent à plomb, item pour deſcrire vn Horologe Scioterique ſur vn plan Horizontal, & ſur vn plan vertical declinant, mais comme il y a des difficultez en ces pratiques, j'ay mieux aimé les obmettre que de groſſir ce liuret de ces pratiques longues & difficiles & peu neceſſaires.

§. II.

OV SONT DONNEZ les vſages principaux du Magnetique vniuerſel nouueau qui montre les heures par le moyen d'vn Curſeur.

POVR bien comprendre les vſages de ce Magnetique vniuerſel, il faut conſiderer le rapport, qu'il y a d'iceluy auec la figure 5. du Magnetique Elliptique particulier. Car par la construction precedente de ce Magnetique vniuersel, il conuient auec ladite figure 5. premierement en ce que vous voyez en iceluy le grand Cercle A B C D, qui represente l'horizon & les degrez d'iceluy ; item les Diametres Orthogonels A C & B D, dont celuy cy est la section du Meridien & de l'Aorizon, & celuy là celle du Vertical. Pareillement vous y voyez le Diametre & apparence P Q de l'Equateur sur le plan du Meridien, auec les points horaires du soir & du matin ; qui est la ligne P Q du Rhombe P M Q M. Item vous y voyez l'Axe du monde, qui est la ligne M E M dudit Rhombe, Orthogonelle à P Q, sur lequel Axe sont les centres M, M, des Tropiques de Cancer & de Capricorne, & des autres centres des Parallels des Signes du Zodiaque, qui seruent a trouuer les centres du petit Zodiaque variable, en la ligne A C par le moyen du Curseur, comme il appert par ce qui est dit au n. 7. du § 3. de la premier partie. Car ledit curseur estant mis sur les centres de l'Axe M E M, coupe la ligne A C ez points, où sont les centres dudit petit Zodiaque. Item les lignes des heures du soir & du matin sont representées successiuement par le costé B D du Curseur. Item les lignes des heures du jour & de la nuict sont descirptes par les points horaires du mesme curseur, lors qu'il est auancé ou reculé sur le plan dudit magnetique vniuersel selon la ligne du midy A C. Et pour ce qui est de la figure des mois ou grand Zodiaque, j'açoit que la ligne des solstices N L d'iceluy respond a l'Axe F G ou M E M (en quoy il est dissemblable à celuy du Magnetique Elliptique particulier duquel la ligne des Solstices N L respond à la ligne A C, il sert neantmoins pour trouuer les centres du petit Zodiaque interieur par le moyen du Curseur, comme il est dit cy dessus.

Lequel rapport du Magnetique vniuersel auec la figure 5 estant bien consideré, il ne sera difficile de comprendre les vsages de cet Horologe à celuy qui a bien compris les vsages du Magnetique Elliptique particulier.

Pratique premiere.

POVR TROVVER AVEC l'Aiguille d'Aimant vniuersellement par tout le monde les heures du iour & de la nuict par le Soleil & par la Lune, & par les Estoilles.

IL y a deux façons de trouuer les heures par ce Magnetique vniuersel, ou par l'Aiguille d'Aimant, ou par le perpendicule. Pour la trouuer par l'Aiguille, la pratique n'est pas differente de celle du Magnetique Elliptique particulier, sinon en 2 choses, comme nous dirons cy apres. Car estant proposé de trouuer l'heure du Soleil, supposé la cognoissance de l'eleuation du Pole ou latitude du Pays, que l'on trouuera par la Carte Geographique du Pays ou autrement. Item la cognoissance de la declinaison de l'Aiguille d'Aimant, que l'on trouuera, comme il sera dit cy apres. Il faut auant toutes choses conduire la Touche de la figure des mois ou grand Zodiaque exterieur sur le degré du jour du mois courant, & de plus il faut conduire la ligne des Equinoxes B D du mesme Zodiaque sur le degré de l'eleuation du Pole ou latitude du Pays de quelqu'vn des quarts du Cercle ABCD exterieur. Ce qu'estant fait, il faut ouurir la boitte du Magnetique, & la tenir deuant soy, ensorte que le petit directoir qui est dans le creu de la couuerture estant erigé perpendiculairement, & mené sur le degré de la declinaison de l'Aiguille soit a l'endroit du Soleil, ainsi qu'il est dit du Magnetique Elliptique particulier, alors l'Aiguille d'Aimant estant arrestée a son nort, il faut auancer ou reculer le Curseur sur le fond de la boitte interieurement, jusques a ce que la ditte

Elliptique ou Oual nouueau.

ditte Aiguille arreſtée a ſon nort, vienne a couper en la ligne B D du Curſeur entre les points des heures du iour & de la nuit, la meſme partie de l'heure que ledit Curſeur coupe en la ligne P Q du Rhombe entre les points des heures du ſoir & du matin; car alors la partie de l'heure, qui eſt ainſi coupée en deux endroits, ſçauoir ſur le Curſeur par l'Aiguille, & ſur la ligne P Q du Rhombe par le Curſeur, ſera l'heure qu'il eſt au Soleil.

3. En quoy remarquez que cette pratique n'eſt differente de la 1. partie du §. 2. de la 2. partie, touchant les vſages du Magnetique Elliptique particulier, ſinon en 2. choſes. Sçauoir 1. en ce que apres auoir mené la Touche du grand Zodiaque ſur le iour du mois, il faut de plus touſiours conduire la ligne des Equinoxes dudit Zodiaque ſur le degré de l'eleuation du Pole ou latitude du Pays. 2. En ce que l'Aiguille eſtant arreſtée, comme dit eſt, il faut de plus auancer ou reculer le Curſeur ſur le fond de la boitte interieurement juſques à ce que l'Aiguille arreſtée, vienne à toucher la méme heure de la ligne B D du Curſeur entre les heures du iour & de la nuict, que ledit Curſeur coupe en la ligne P Q du Rhōbe entre les heures du ſoir & du matin, leſquelles choſes ſont particulieres & propres à cet Horologe vniuerſel.

T

4. Cela supposé, pour trouuer l'heure de nuict par la lumiere crepusculine. Par la Lune, & par les Estoilles, il n'y aura autre chose a faire qu'à obseruer & pratiquer exactement, & de point en point, ce qui est dit ez pratiques 3. 4. & 5. du §. 4. de la seconde partie, sans y rien changer, sinon qu'il faut tousiours de plus pratiquer les 2. choses particulieres susdites, sçauoir mener la ligne des Equinoxes du grand Zodiaque exterieur sur le degré de l'eleuation du Pole ou latitude du Pays, & l'Aiguille estant arrestée auancer le Curseur, comme il est dit cy dessus, &c.

5. Remarquez qu'vne personne qui n'aura pas bien compris la construction de cet Horologe vniuersel aura du commencement de la difficulté de bien juger de l'heure qu'il est en certaines heures. Car il arriuera qu'enuiron les 4. 5. 6. 7. 8. heures du soir & du matin (qui sont pressées en la ligne B D du Curseur) l'Aiguille d'Aimant coupera le Curseur si obliquement à l'endroit desdites heures, que si on n'a d'autre esgard qu'esdites heures, on ne poura pas bien juger quelle heure elle coupe. Car si peu que la boitte balancera ou remuera, elle se trouuera sur vne heure bien esloignée de la vraye. De plus il arriuera aussi quelque-fois, que l'Aiguille d'Aimant sera Paral-

lele à la ligne BD du Curfur, & ainfi ne defignera aucune heure particuliere dudit Curfeur. I'aduertis donc celuy qui voudra fe feruir de ce Magnetique vniuerfel de ne pas tant prendre garde aux heures du Curfeur comme aux heures de la ligne PQ. Car les points horaires de ladite ligne PQ font les principales heures de ce Magnetique, fçauoir celles du Parallel du Soleil fur le plan du meridien vniuerfellement par tout le monde ; & les points horaires du Curfeur font feulemēt les diftances ou latitudes des points horaires dudit Parallel du Soleil fur le plan de l'Horifon rapportées en la ligne BD du Curfeur, lefquels ne doiuēt pas eftre referées les vns aux autres comme fi lefdits points auoient telle proportion entre eux & eftoiēt en effect ou apparoiffoient ainfi preffez, ains feulement doibuent eftre referez chacun en particulier à celuy du Diametre PQ, qui appartient à mefme heure. Cela fuppofé, il n'y aura aucune peine ny difficulté de trouuer l'heure en cet Horologe vniuerfel, fi vous auancez le Curfeur petit à petit fur toutes les heures du Diametre PQ fucceffiuement l'vne apres l'autre, prenant garde à chacune defdites heures, fi celle du Curfeur qui eft de mefme nombre & denomination fe treuue foubs l'Aiguille d'Aimant fans auoir esgard à autre heure. Car lors que l'heure du Curseur, qui se trouuera soubs l'Aiguille d'Aimant sera la mesme, que celle de la ligne P Q, qui se retreuue soubs la ligne B D du Curseur, ladite heure de la ligne P Q denottera l'heure qu'il est.

Donnons vn exemple de cecy, pour le mieux faire comprendre. Soit proposé de trouuer l'heure qu'il est, par ce Magnetique vniuersel le 21. Mars, apres les Vespres; je fais tout ce qui est prescript cy dessus au n. 2. sçauoir je conduis la Touche de la figure des mois sur le 21. Mars, & la ligne des Equinoxes B D d'icelle figure sur le degré de l'eleuation du Pole, puis la boitte estant ouuerte, je mets le directoir sur le degré de la declinaison de l'Aiguille d'Aimant, & tourne la boitte jusques à ce que ledit directoir soit justement à l'endroit du Soleil, & l'Aiguille d'Aimant estant arrestée à son Nort, j'auance le Curseur le mettant sur le midy, puis sur vne heure, puis sur 2. sur 3. sur 4. & sur 5. prenant toujours garde si le Curseur est coupé par l'Aiguille en la mesme heure, que celle qui est coupée en la ligne P Q, par la ligne B D du Curseur. Voyant donc qu'en toutes lesdites heures l'Aiguille d'Aimant ne coupe pas encor le Curseur (comme je suppose) j'auance encor le Curseur jusques aux 5. heures & demi de la ligne P Q, auquel cas je trouue que l'Aiguille coupe le Curseur enuiron les 5. heures & demi : mais d'autant que cette intersection se fait obliquement, & qu'à raison que cette Aiguille bransle, je ne peux pas bien discerner le point auquel le Curseur est coupé, alors j'auance encor tant soit peu le Curseur jusques sur les 5. heures & 3. quarts de la ligne P Q, & trouuant que l'Aiguille d'Aimant bien esloigné de s'arrester sur les 5. & 3. quarts du Curseur, s'arreste sur les 2. heures d'iceluy : je recognois que le point des 5. heures & demi de la ligne P Q est la vraye heure. C'est ainsi des autres.

Pratique deuxiéme.

POVR TROVVER AVEC le Perpendicule l'heure du iour & de la nuit vniuersellement par tout le monde.

9. ON ne peut pas trouuer l'heure justement par l'Aiguille d'Aimant, si on ne sçait au juste sa declinaison au lieu

où l'on est, c'est pourquoy au cas, qu'on ne sçache pas sa declinaison, on pourra trouuer l'heure par le Perpendicule, pratiquant ce qui suit.

Car notez que cét Horologe est non seulement Magnetique vniuersel, mais aussi vertical mobile vniuersel pareil à celuy duquel nous auons fait mention au n, 22. du §. 2. de la 1. partie.

Soit ostée l'Aiguille d'Aimant de dessus son Stil ou piuot, & au lieu d'icelle soit à ce Stil appliqué vn petit perpendicule, qui puisse tourner autour dudit Stil si gayement, que la boitte estant exposée au Soleil, en sorte que le rayon du Soleil raze le costé D de ladite boitte, qui est Parallele a la ligne du midy A C, ledit Perpendicule de son poids tombe librement en bas & rase le fond de la boitte, & soit ce Perpendicule fait de telle artifice, qu'il puisse estre allongy & racourcy au besoing, comme nous auons dit au n. 22. du §. 2. de la premiere partie.

Cela fait, la touche ou Alhidade de la figure des mois soit conduitte sur le degré du iour du mois courant, & la ligne des Equinoxes B D sur le degré de l'eleuation de l'Equateur & soient considerez les degrez du cercle A B C D, qui est autour de ladite figure des mois pour les degrez des eleuations de l'Equateur, & la

Diametre B D dudit Cercle pour la ligne Horizontale.

De plus soit maintenant allongy le perpendicule, ensorte qu'estant iceluy tourné autour de son centre, l'extremité d'iceluy passe justement par le point des 12. heures de la ligne P Q du Rhombe P M Q M, (car en ce cas ledit perpendicule sera egal au Diametre du Cercle Meridien, & tournant autour de son centre descrira la circonference dudit Cercle Meridien, ainsi qu'il est requis au n. 22. §. 2. de la premiere partie) puis soit exposée la boitte au Soleil, ensorte que le rayon d'iceluy raze le costé D de la boitte Parallele à la ligne A C, alors le perpendicule tombant en bas de sa propension naturelle contre le fond de la boitte, descrira de son extremité vn Arc du Cercle Meridien, & estant arresté en sa ligne perpendiculaire donnera de son extremité sur le Cercle A B C D l'eleuation du Soleil: partant si le Curseur est auancé contre ce perpendicule jusques à ce que la ligne B D dudit Curseur vienne à toucher l'extremité du perpendicule, alors ladite ligne B D du Curseur representera sur le plan de l'Horologe la section de l'Almicantarath de l'eleuation du Soleil, laquelle coupera la ligne P Q justement au point de l'heure du Soleil; comme il appert par ce qui est dit au n. 22. du §. 2. de la premiere partie.

Pratique troiziéme.

POVR TROVVER LA declinaison de l'Aiguille d'Aimant par ce Magnetique Vniuersel.

PREMIEREMENT il faut trouuer l'heure du Soleil par le Perpendicule, obseruant ce que nous auons dit en la pratique precedante; Cela fait, il faut conduire la Touche de la figure des mois ou grand Zodiaque sur le degré du iour du mois courant, & la ligne des Equinoxes du mesme Zodiaque sur le degré de l'eleuation du Pole, puis estant posée la Boitte sur vn plan horizontal, il faut conduire le Curseur sur la mesme heure de la ligne P Q du Rhombe P M Q M, qui à esté trouueé par le Perpendicule, puis il faut tourner la boitte, iusques à ce que l'Aiguille d'Aimant s'arreste sur la mesme heure du Curseur qui à esté trouueé par le Perpendicule.

Enfin la Boitte demeurant ainsi arresteé, il faut tourner le petit directoir, qui est dans le creu de la couuerture superieure sur son centre R iusques à ce qu'il soit directement au Soleil, c'est à dire qu'il ne face aucun ombre que de son espesseur. Alors le degré de l'Arc P Q ou P K sur lequel se trouuera la pointe dudit directoir sera le degré de la declinaison de l'Aiguille d'Aimant.

Pratique quatriéme.

POVR TROVVER L'HEVre du leuer & coucher du Soleil.

ESTANT conduitte la Touche de la figure Annuelle sur le iour du mois courant, & la ligne des Equinoxes de laditte figure sur le degré de l'eleuation du Pole, soit posée la boitte du Magnetique vniuersel sur vn plan horizontal, ou soit icelle tenüe à la main, en sorte qu'elle soit Parallele à l'horison, puis soit icelle boitte tournée iusques à ce que l'Aiguille d'Aimant s'arreste sur la ligne du midy A C, alors laditte Aiguille coupera la ligne P Q du Rhombe P M Q M, & par cette intersection monstrera entre les heures de laditte ligne P Q à quelle heure le Soleil se leue & se couche, &c. Voila, cher Lecteur, ce que ie debuois à vostre loüable curiosité touchant ces Magnetiques particuliers & vniuersels, qui sont à vray dire les plus vtils & commodes de tous les Horologes, le tout soit à l'honneur de Dieu, & de sa Sainte Mere.

FIN.

TABLE DES HEVRES ASTRONOMICQVES DES PARALLELS des longueurs des jours, par lesquelles passent les Cercles des heures Italiques.

Heures Italiques,	XXIIII.	XXIII.	XXII.	XXI.	XX.	XIX.	XVIII.	XVII.	XVI.	XV.	XIIII.	XIII.	XII.	XI.	X.	IX.	VIII.
Du Parallel de mille heures	12 M	11 M	10 M	9 M	8 M	7 M	6 M	5 M	4 M	3 M	2 M	1 M	12 S	11 S	10 S	9 S	8 S
Du Parallel de 8. heures.	4 S	3 S	2 S	1 S	12 M	11 M	10 M	9 M	8 M	7 M	6 M	5 M	4 M	3 M	2 M	1 M	12 S
Du Parallel de 10. heures.	5 S	4 S	3 S	2 S	1 S	12 M	11 M	10 M	9 M	8 M	7 M	6 M	5 M	4 M	3 M	2 M	1 M
Du Parallel de 12. heures.	6 S	5 S	4 S	3 S	2 S	1 S	12 M	11 M	10 M	9 M	8 M	7 M	6 M	5 M	4 M	3 M	2 M
Du Parallel de 14. heures.	7 S	6 S	5 S	4 S	3 S	2 S	1 S	12 M	11 M	10 M	9 M	8 M	7 M	6 M	5 M	4 M	3 M
Du Parallel de 16. heures.	8 S	7 S	6 S	5 S	4 S	3 S	2 S	1 S	12 M	11 M	10 M	9 M	8 M	7 M	6 M	5 M	4 M
Du Parallel de 24. heures.	12 S	11 S	10 S	9 S	8 S	7 S	6 S	5 S	4 S	3 S	2 S	1 S	12 M	11 M	10 M	9 M	8 M

En cette Table la lettre M signifie les heures du Matin & la lettre S les heures du Soir.

Cette Table se doit mettre à la fin de la seconde Partie.

Heures Astronomiques.

29(
feb
lig
co
del
ces

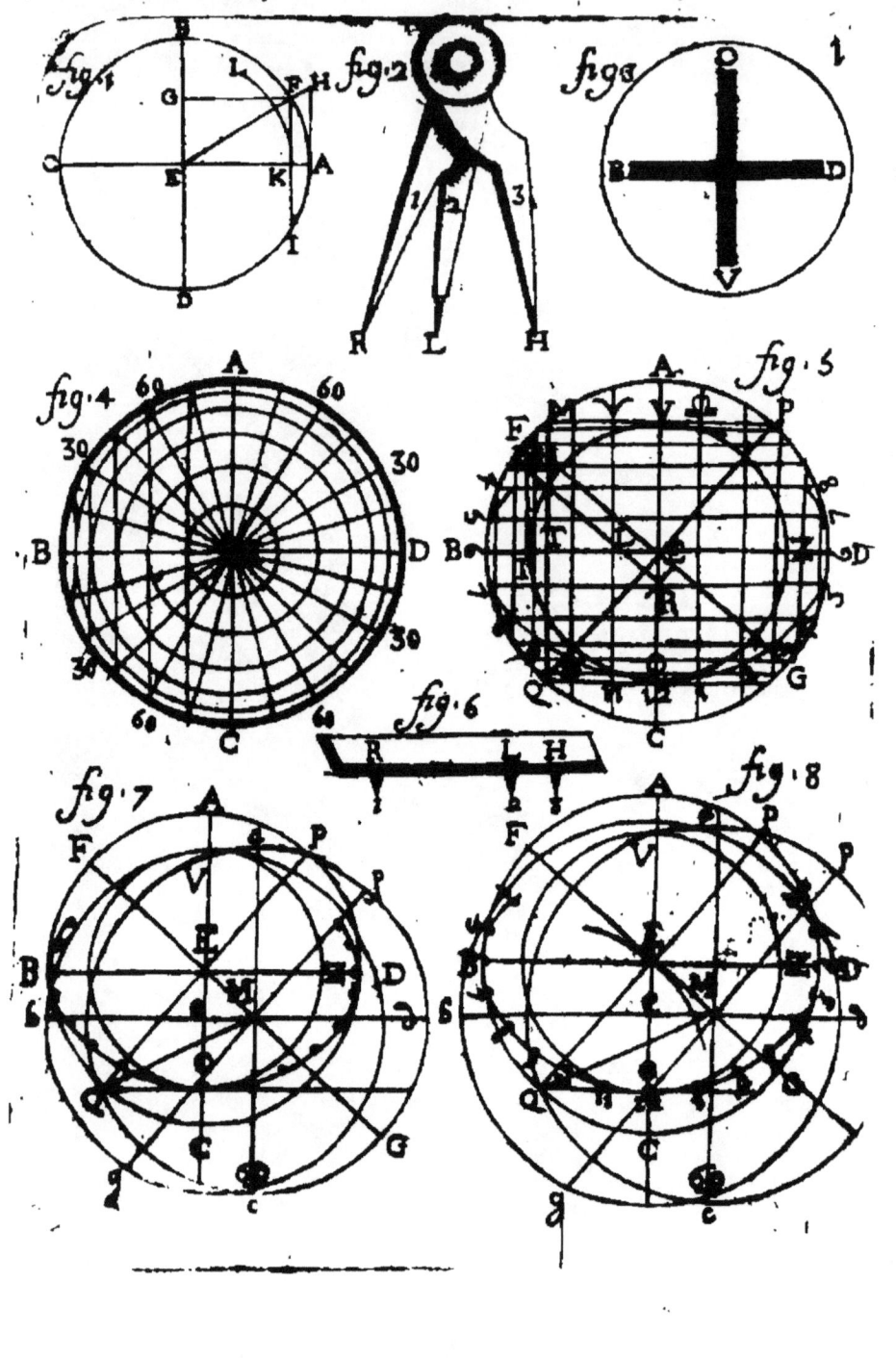

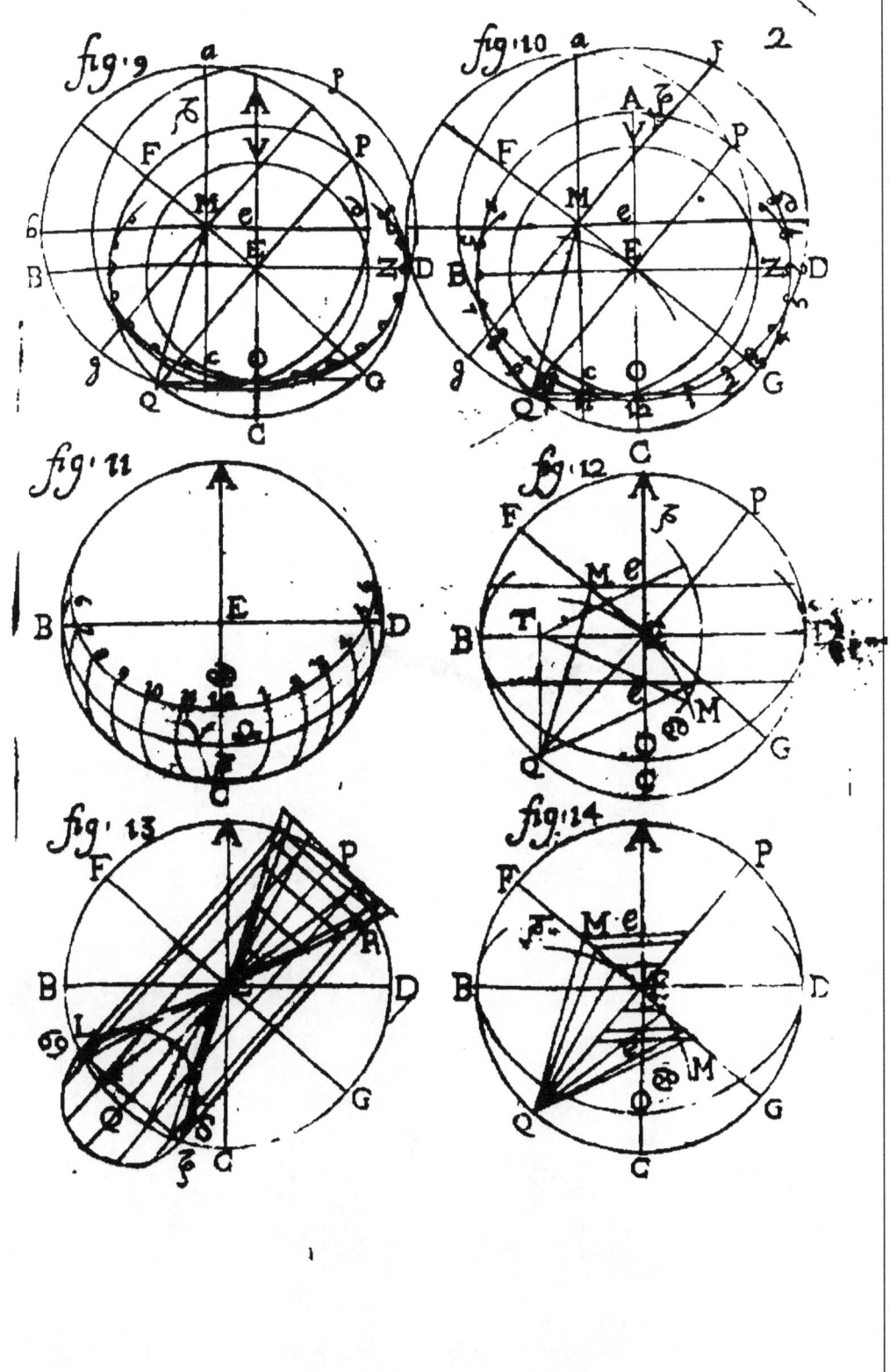

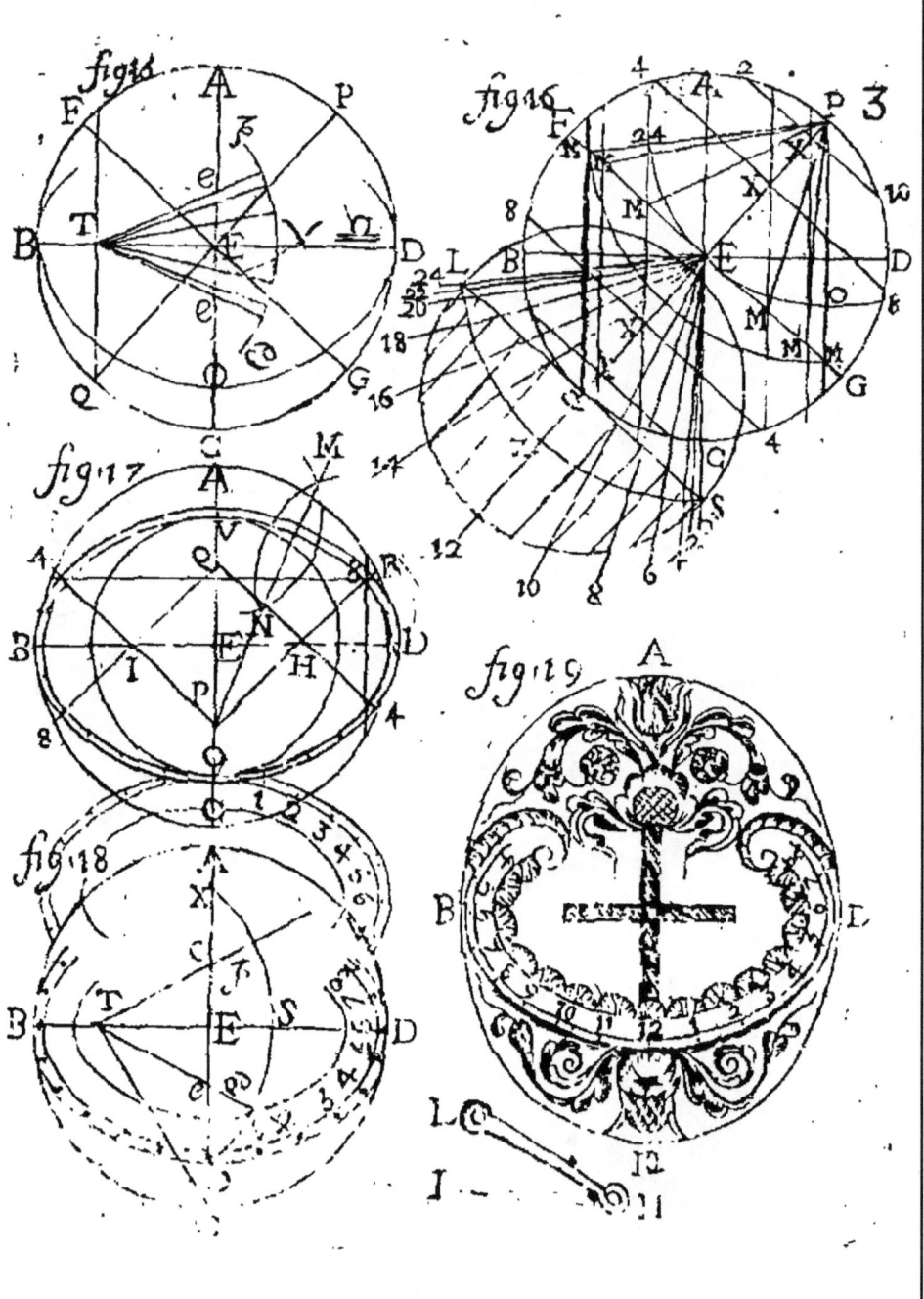

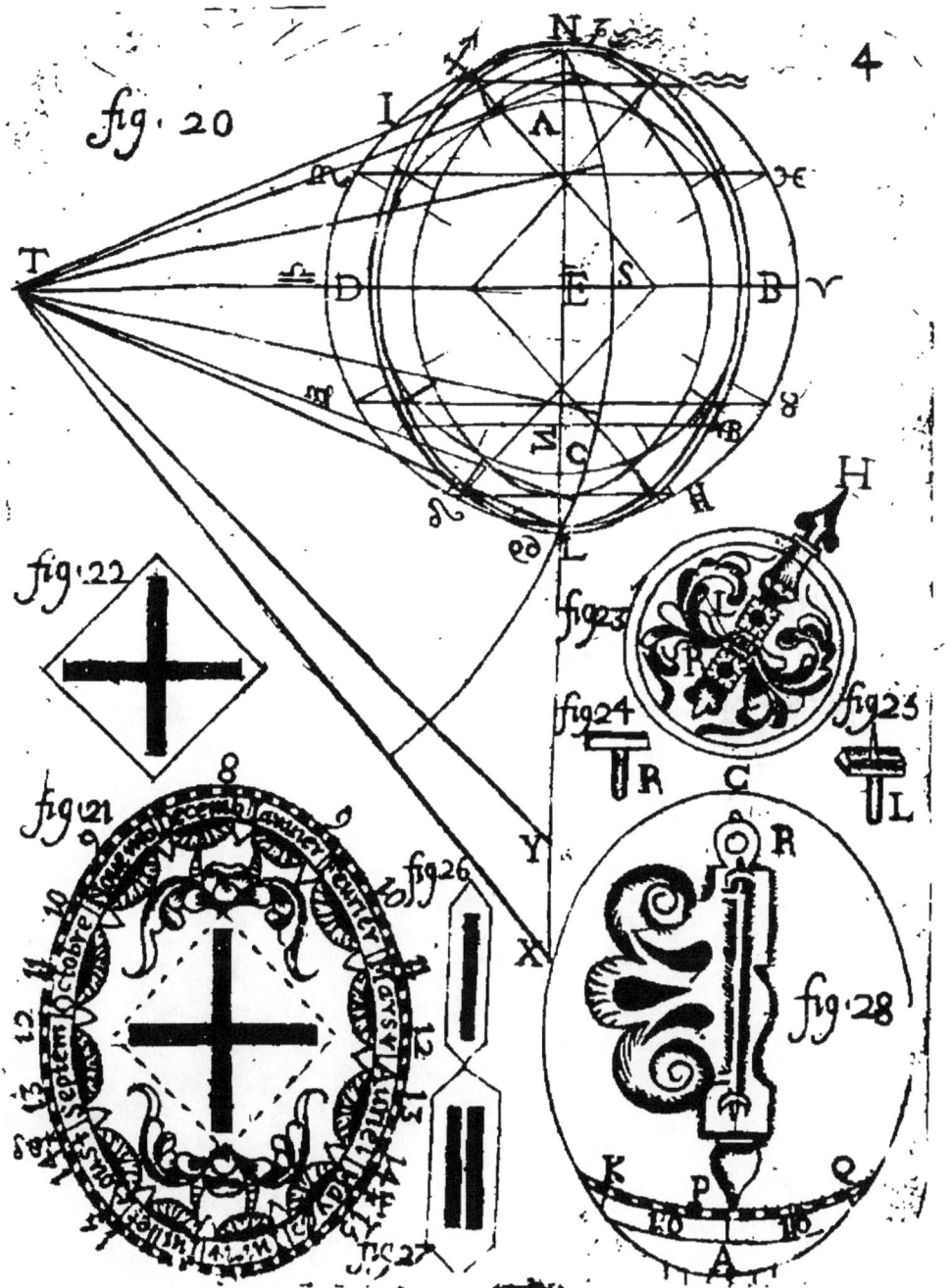

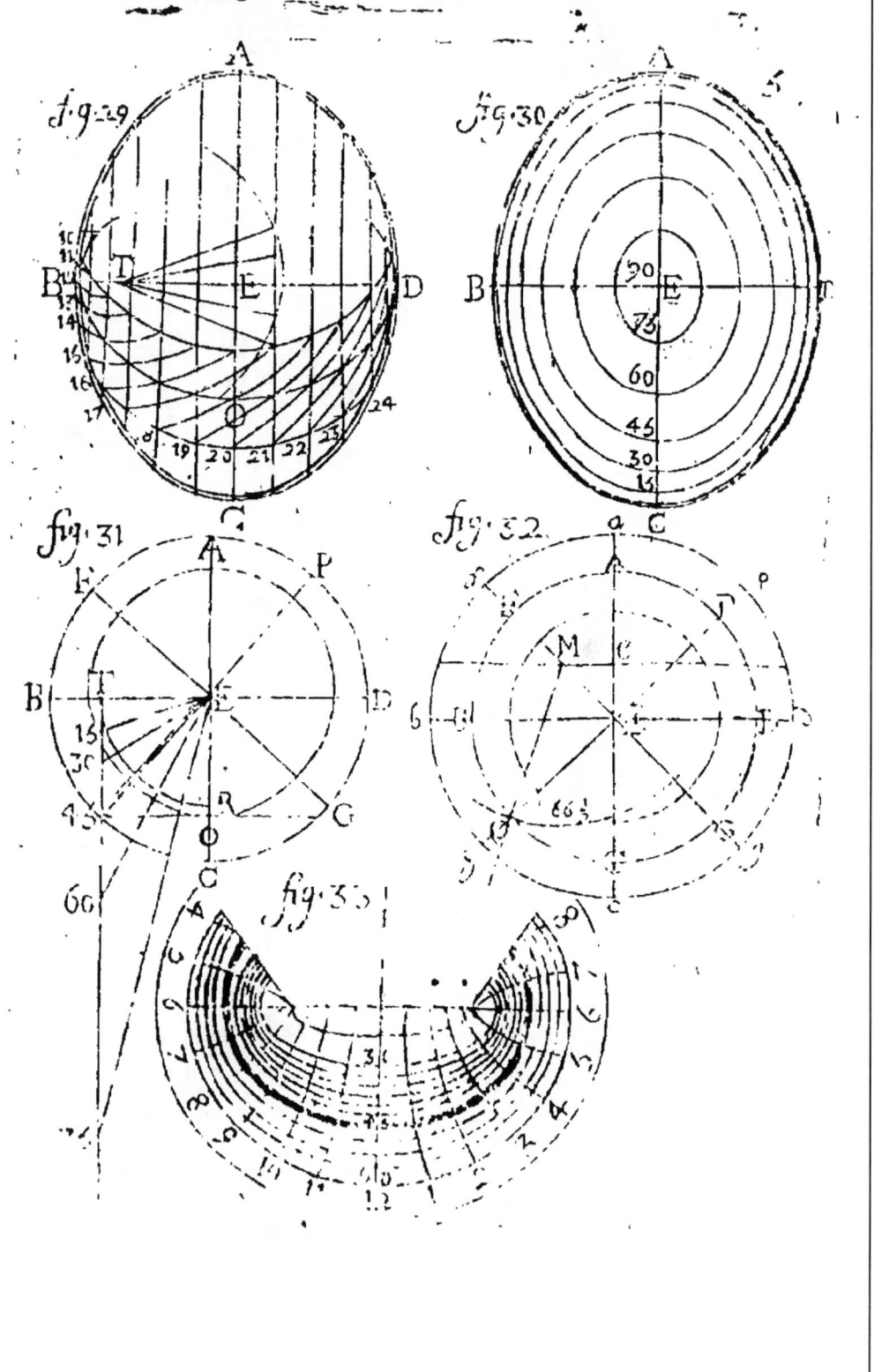

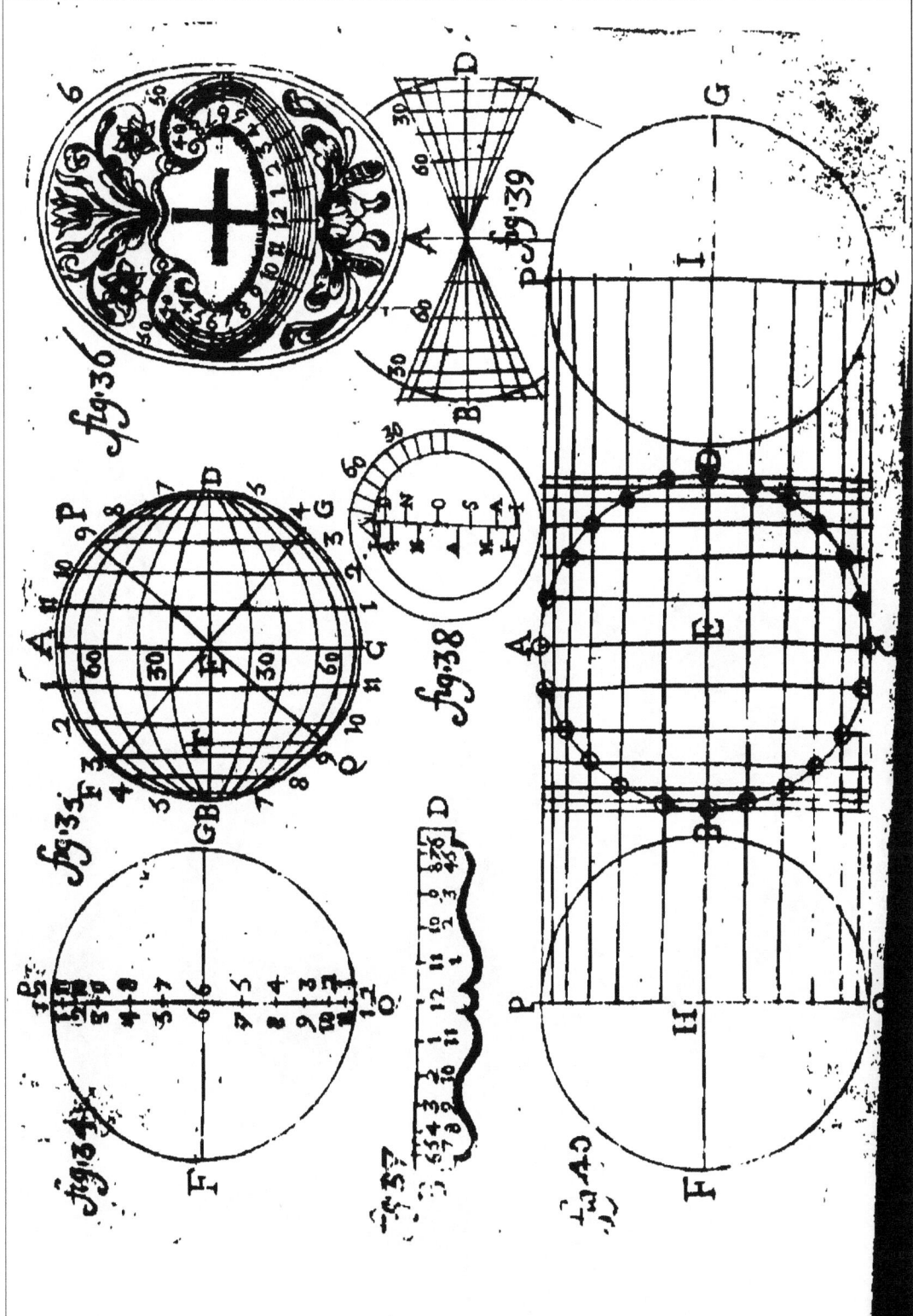

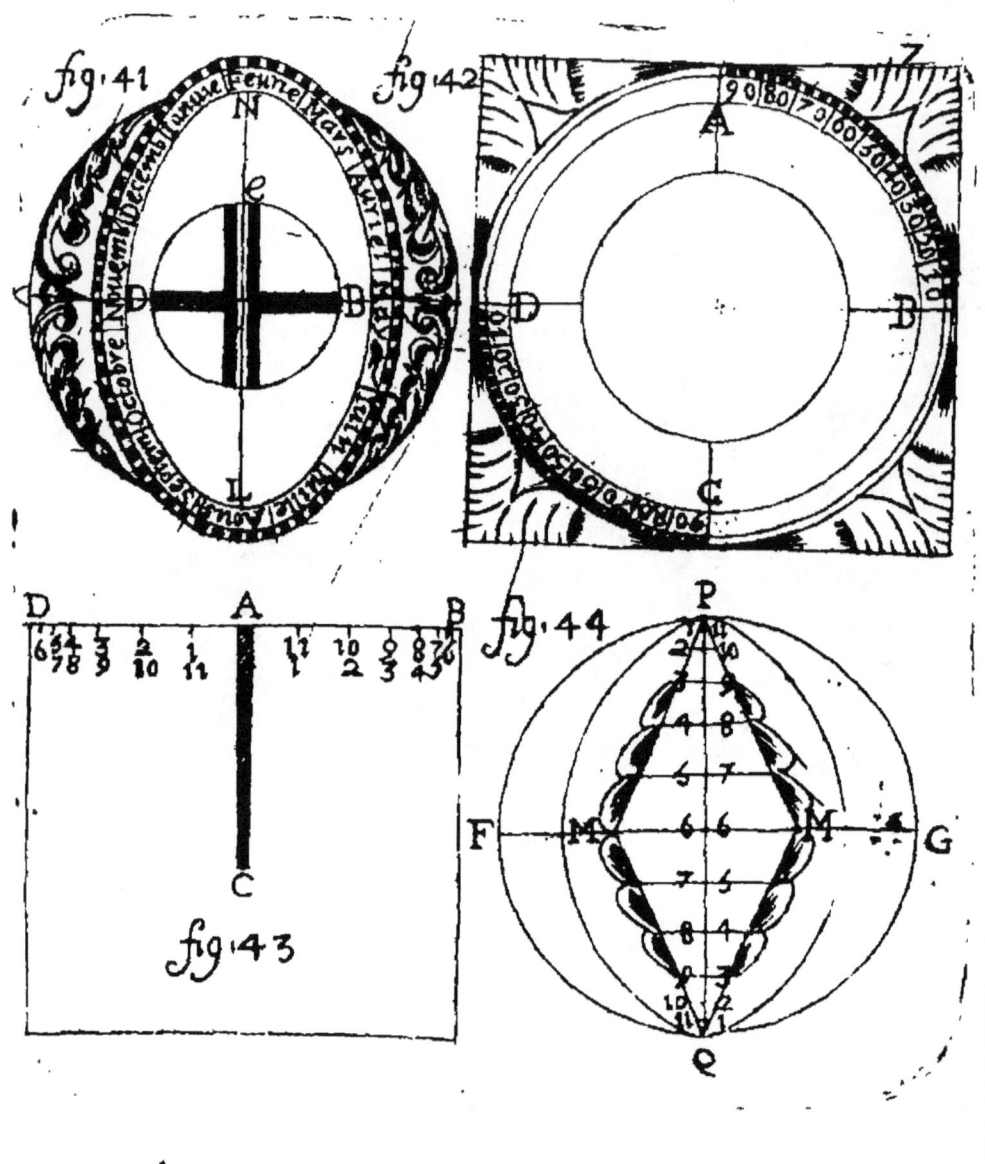

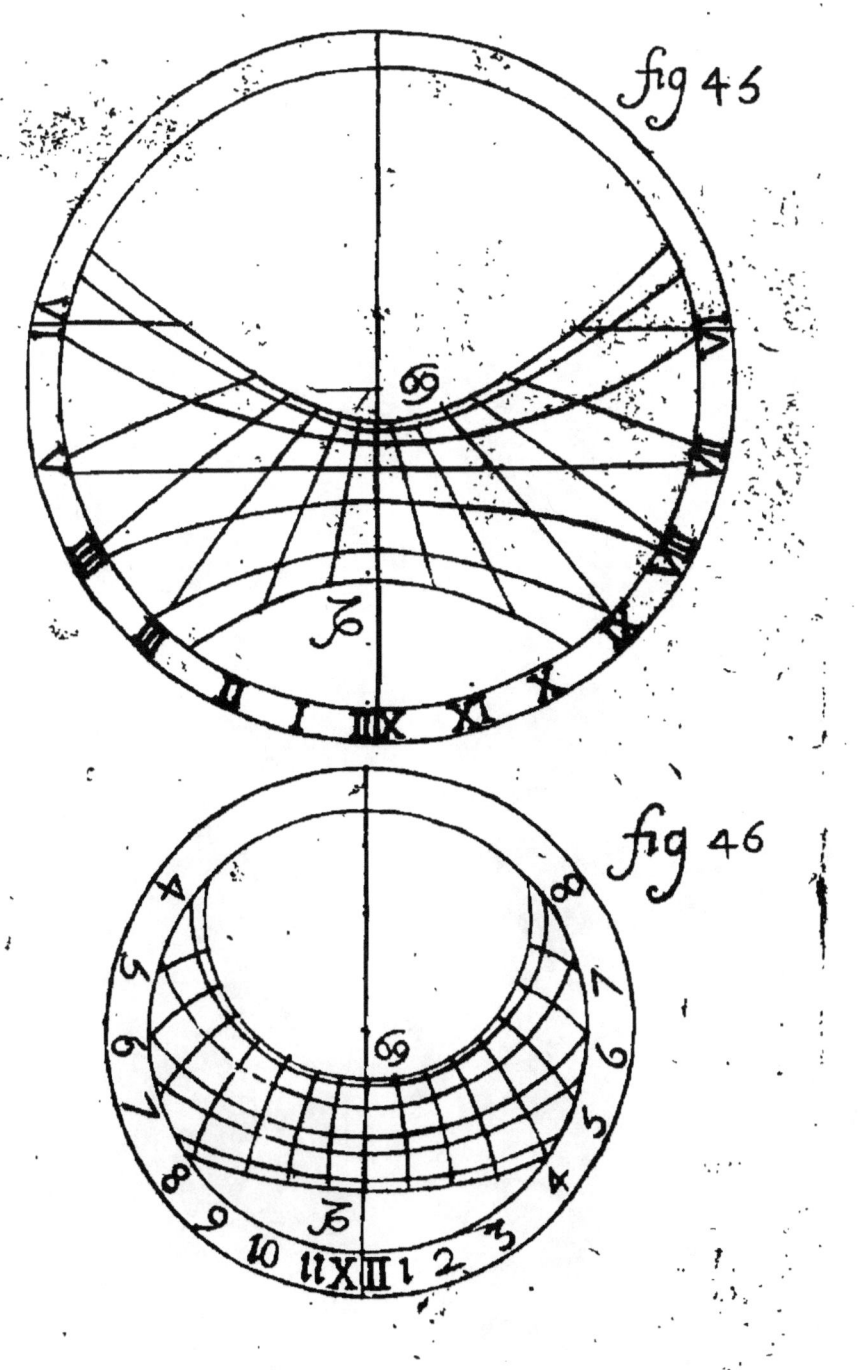

www.ingramcontent.com/pod-product-compliance
Lightning Source LLC
Chambersburg PA
CBHW070610160426
43194CB00009B/1244